中华复兴之光
千秋名胜古迹

长城雄伟关隘

李姗姗 主编

汕头大学出版社

图书在版编目（CIP）数据

长城雄伟关隘 / 李姗姗主编. -- 汕头 ：汕头大学
出版社，2017.1（2023.8重印）
　（千秋名胜古迹）
　ISBN 978-7-5658-2838-6

Ⅰ．①长… Ⅱ．①李… Ⅲ．①长城—关隘—介绍
Ⅳ．①K928.77

中国版本图书馆CIP数据核字(2016)第293529号

长城雄伟关隘　　　　　CHANGCHENG XIONGWEI GUANAI

主　　编：李姗姗
责任编辑：宋倩倩
责任技编：黄东生
封面设计：大华文苑
出版发行：汕头大学出版社
　　　　　广东省汕头市大学路243号汕头大学校园内　邮政编码：515063
电　　话：0754-82904613
印　　刷：三河市嵩川印刷有限公司
开　　本：690mm×960mm　1/16
印　　张：8
字　　数：98千字
版　　次：2017年1月第1版
印　　次：2023年8月第4次印刷
定　　价：39.80元
ISBN 978-7-5658-2838-6

前言

党的十八大报告指出："把生态文明建设放在突出地位，融入经济建设、政治建设、文化建设、社会建设各方面和全过程，努力建设美丽中国，实现中华民族永续发展。"

可见，美丽中国，是环境之美、时代之美、生活之美、社会之美、百姓之美的总和。生态文明与美丽中国紧密相连，建设美丽中国，其核心就是要按照生态文明要求，通过生态、经济、政治、文化以及社会建设，实现生态良好、经济繁荣、政治和谐以及人民幸福。

悠久的中华文明历史，从来就蕴含着深刻的发展智慧，其中一个重要特征就是强调人与自然的和谐统一，就是把我们人类看作自然世界的和谐组成部分。在新的时期，我们提出尊重自然、顺应自然、保护自然，这是对中华文明的大力弘扬，我们要用勤劳智慧的双手建设美丽中国，实现我们民族永续发展的中国梦想。

因此，美丽中国不仅表现在江山如此多娇方面，更表现在丰富的大美文化内涵方面。中华大地孕育了中华文化，中华文化是中华大地之魂，二者完美地结合，铸就了真正的美丽中国。中华文化源远流长，滚滚黄河、滔滔长江，是最直接的源头。这两大文化浪涛经过千百年冲刷洗礼和不断交流、融合以及沉淀，最终形成了求同存异、兼收并蓄的最辉煌最灿烂的中华文明。

五千年来，薪火相传，一脉相承，伟大的中华文化是世界上唯一绵延不绝而从没中断的古老文化，并始终充满了生机与活力，其根本的原因在于具有强大的包容性和广博性，并充分展现了顽强的生命力和神奇的文化奇观。中华文化的力量，已经深深熔铸到我们的生命力、创造力和凝聚力中，是我们民族的基因。中华民族的精神，也已深深植根于绵延数千年的优秀文化传统之中，是我们的根和魂。

　　中国文化博大精深，是中华各族人民五千年来创造、传承下来的物质文明和精神文明的总和，其内容包罗万象，浩若星汉，具有很强文化纵深，蕴含丰富宝藏。传承和弘扬优秀民族文化传统，保护民族文化遗产，建设更加优秀的新的中华文化，这是建设美丽中国的根本。

　　总之，要建设美丽的中国，实现中华文化伟大复兴，首先要站在传统文化前沿，薪火相传，一脉相承，宏扬和发展五千年来优秀的、光明的、先进的、科学的、文明的和自豪的文化，融合古今中外一切文化精华，构建具有中国特色的现代民族文化，向世界和未来展示中华民族的文化力量、文化价值与文化风采，让美丽中国更加辉煌出彩。

　　为此，在有关部门和专家指导下，我们收集整理了大量古今资料和最新研究成果，特别编撰了本套大型丛书。主要包括万里锦绣河山、悠久文明历史、独特地域风采、深厚建筑古蕴、名胜古迹奇观、珍贵物宝天华、博大精深汉语、千秋辉煌美术、绝美歌舞戏剧、淳朴民风习俗等，充分显示了美丽中国的中华民族厚重文化底蕴和强大民族凝聚力，具有极强系统性、广博性和规模性。

　　本套丛书唯美展现，美不胜收，语言通俗，图文并茂，形象直观，古风古雅，具有很强可读性、欣赏性和知识性，能够让广大读者全面感受到美丽中国丰富内涵的方方面面，能够增强民族自尊心和文化自豪感，并能很好继承和弘扬中华文化，创造未来中国特色的先进民族文化，引领中华民族走向伟大复兴，实现建设美丽中国的伟大梦想。

目 录

嘉峪关

山海关

　　在我国东北部的渤海湾内，有一座周长约4千米的小城，整个城池与长城相连，以城为关。它的城墙高14米，厚7米，有四座城门，还有威武雄壮的箭楼、靖边楼、临间楼、牧营楼、威远堂、瓮城，东罗城等建筑。这就是有着"天下第一关"之称的山海关。

　　山海关在明朝正式建关，是明朝军事防御体系的重要组成部分。山海关是明长城东北第一座重要关隘，它贯穿了明朝270多年历史，一直是明朝的防御重地。

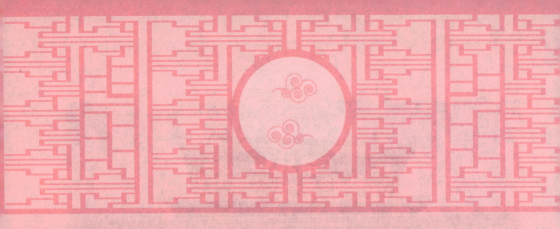

明代将军和军师奉旨筑关

　　1368年，明太祖朱元璋以应天府为京师，应天府就是后来的南京，建立了大明王朝。此时，元朝残余力量虽然退居漠北，但仍有相当大的势力。

为了防止元朝残余力量南下侵扰，1381年，朱元璋下了一道圣旨，让大将军徐达和军师刘伯温到京城以北边塞之地围城设防，且两年之内必须完成。

明太祖朱元璋

徐达、刘伯温二人领了旨后，便带着人马，即日起程，很快就到了边塞。第二天，两人骑马登高瞭望，寻找筑城的地方。

要讲筑城，徐达是外行，他只会带兵征战，冲锋陷阵。至于围城设防，他不如刘伯温。刘伯温上知天文，下知地理，学问很大。

徐达站在高处一看，连说："这真是好地方，好战场！"

刘伯温却一声不响。第三天，他二人骑马又来这里，徐达又连声说："好地方，难得的好地方啊！"

刘伯温仍然一声不哼。第四天，徐达、刘伯温二人骑马又来到这里，徐达又连连说："好战场啊，好战场！"

刘伯温还是不哼一声。徐达见状不解，忙问："军师，我二人领命来此围城设防，一连三天，你一言不发，到底为什么？"

"为了大明江山！还为了你，也为了我。"

徐达不解地问："此话怎说？"

刘伯温用马鞭指了指前方说："元帅你看，北边燕山连绵，南边渤海漫天，在此筑起雄关，真可谓一夫当关，万夫莫开啊！"

徐达素知军师谋略高，就问："你想修座什么样的关呢？"

刘伯温说："这座城比别地方的城都要大要高，要城连城、城套城、楼对楼、楼望楼，筑一座铁壁金城。"

刘伯温又用马鞭朝四周一指，说："元帅，这里既是个好战场，又是个好居处。你看，这里土地肥沃，气候温和，真是个安家定居的好地方呀！"

徐达一听恍然大悟，想起军师说的为了自己的话，他是连连叫好。当日回营，二人连夜画图，第二天便派人送往京城。朝廷准奏，立刻动工。整整干了一年零八个月，关城竣工了。

这天早朝，朱元璋一看徐达、刘伯温回来了，就问"二位爱卿回京，城池可筑成呢？"

徐达、刘伯温二人出班奏道："托圣上洪福，已经修好了。"

朱元璋又问："可曾命名？"

徐达、刘伯温二人一听，都愣住了。二人想，当时降旨，只叫筑城，未让命名呀！徐达心直，刚一张嘴，只见刘伯温跨前一步说："臣等未敢妄动，只是那座城，南入海北依山，真可谓山海之关，万岁圣明，请恩示吧！"

朱元璋一听，把手一摆高兴地说："好，好，就叫山海关！"

从朝里回来，刘伯温随徐达到了徐府，他对徐达说："我不能再在朝为官了，我得走了。"

徐达忙问"干啥去？"

刘伯温说："我本是山野道人还是云游四海去吧！"

徐达不解，连忙说："你我随皇上南征北战，刚定江山，如今又修了山海关城，可谓劳苦功高，本该享荣华富贵，这么走了，皇上不会奏准的啊！"

刘伯温说："差矣！万岁如让咱共享荣华，就不会派咱俩去边塞筑关城了，也不会只给两年期限了。你我若不接旨，就性命难保；接旨若不按期完工，就犯欺君之罪；若筑成私下命名，属目无皇上；而今未敢命名，也属办事不周，这只是刚刚开始呀！"

徐达大惑地说："军师，你是说……"

刘伯温手一挥，说："兔死狗烹，鸟尽弓藏。帝与臣，可与共患难、不可共富贵的例子还少吗？"

刘伯温一席话，说得徐达目瞪口呆，好久徐达才说："军师，你一走了之，我怎么办？"

刘伯温说："你不能走，你要随朝伴驾，无论何时，不要离开万岁左右。赶你，你也不要离开。另外，你的孩子不能留在京城，让他们到山海关那个地方去吧！那里城高池深，不受刀兵之苦，即使烽火连天，此处进有平川，退有高山，是用武之地。"

徐达说："就照军师的话做，明天我就叫小儿去山海关。"

正说着，闯进一员大将，姓胡名大海。他在帐外听到了徐、刘二人谈话，进屋就嚷道："元帅，我与你出生入死，驰骋疆场，如今公子要去山海关，我也打发一个孩子随他同行吧！"

话没落音，大将常遇春又来了。刘伯温素知眼前这三位是生死之交，就把事情原委告诉了他们。常遇春也坚持打发一个孩子同去山海关。

不久，刘伯温不辞而别，徐达按刘伯温所言，寸步不离皇上，才保全了性命，而胡大海、常遇春等开国元勋却没有好结果。

再说，徐达、胡大海、常遇春的三个儿子到了山海关，定居安家。后来，这三家的后代，在山海关城里修了徐达庙，城东北修了胡家坟，城西南修了常家坟，都立了石人、石马、石牌坊。

知识点滴

据说，徐达和刘伯温到边塞建城设防时，选了很多地方都不如意。一天，正当两人为建城地址发愁时，突然飞来一只金凤凰叼起徐达部队大旗一直往西飞去。

徐达立刻派兵勇追赶，一直到了一个地方，只见大旗已牢牢插在了山丘之上，任凭兵勇怎么拔大旗也不动。

这时，徐达和刘伯温赶到了。刘伯温绕大旗转了一周后哈哈大笑，徐达却一头雾水。

刘伯温说："这只金凤凰是神鸟，这里正是宝地，离山不远，离海亦近，在此修长城，南伸入大海，北跃上角山，中间留下一个关口，真可谓一夫当关，万夫莫开。"

后来，徐达和刘伯温便在此地建成了著名的"山海关"。

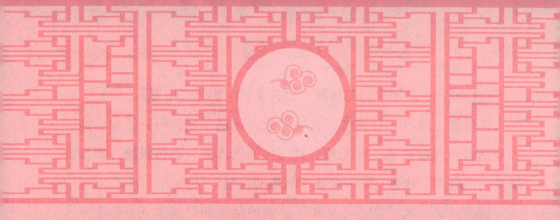

历代王朝的兵家必争之地

其实，早在春秋战国末期，山海关就是重要的战略要地。在当时，秦王嬴政派大将王贲率军追击燕王喜，从山海关一直追到了辽东襄平。

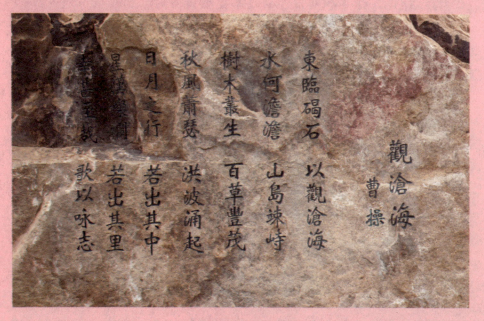

秦王朝建立后，秦始皇曾连续出巡，视察边疆。公元前215年，秦始皇东巡碣石。碣石山坐落在昌黎县城北，连绵起伏有大小上百座奇险峻峭的峰峦，顶尖呈圆柱形，远望如碣似柱，极像直插云霄的天桥柱石，山因此名"碣石"。

秦始皇到达碣石时，便派人在碣石山上刻下了"碣石门"三字。并修建了城郭和堤防等。秦始皇在此拜海，先后派卢生、侯公、韩终等两批方士携带童男童女去海上求仙，寻求长生不老药。

后来清朝官修地理总志《大清一统志·永平府·临榆县》记载：

秦皇岛，在临榆县西南二十五里，入海一里，四面皆水。相传秦始皇尝驻跸于此。

山海关在古代也称榆关，也作渝关，又名临闾关。在1737年，清朝廷在山海关增设临榆县。

1878年，地方志《临榆县志》对秦皇岛的描述比较详细：

秦皇岛，距城西南二十五里，山脉由东转西，插入海中，横压水面，远望形如卧蚕，海阳镇之水口山也，上有观音寺。

从秦代以后，历代帝王将相都把这里看成兵家必争之地。汉武帝在公元前110年时"行自泰山，复东巡海上，至碣石"，并在此筑有汉武台。

409年，北燕国君冯跋在龙城，就是后来的辽宁朝阳称帝，他派游击将军褚匡率领移民5000余户，水运到"辽西临榆"，登陆到龙城。

553年10月，北齐军北伐时，在回师时，北齐文宣帝登碣石山观看大海。在这期间，北齐军从秦代戍边的西北地方开始，沿燕山山脉修筑长城到这里入海。

598年，隋朝汉王杨谅出征高丽时，也曾到临榆关。614年，隋炀帝出征高丽时，也到榆关驻军。

唐太宗李世民出榆关征伐时，曾几次登临碣石观沧海，并在此吟诗与群臣唱和。

645年，唐太宗出征高丽，在回师途中祭吊阵亡将士时，又飞驰临榆关，会见了太子李治，并观海咏诗《春日观海》：

披襟眺沧海，凭轼玩春芳。
积流横地纪，疏派引天潢。
仙气凝三岭，和风扇八荒。

拂潮云布色，穿浪日舒光。

照岸花分彩，迷云雁断行。

怀卑运深广，持满守灵长。

有形非易测，无源讵可量。

洪涛经变野，翠岛屡出桑。

芝罘思汉帝，碣石想秦皇。

霓裳非本意，端拱且图王。

我国唐代著名边塞诗人高适曾在《燕歌行》的诗中写道：

汉字烟尘在东北，汉将辞家破残贼。

男儿本自重横行，天子非常赐颜色。

枞金伐鼓下榆关，旌旗逶迤碣石间。

校尉羽书飞瀚海，单于猎火照狼山。

917年，契丹攻陷榆关为了向中原进军方便，便毁关夷险，还将榆关一带划入契丹管辖，并设迁州、润州，有渤海国遗民在此垦荒。

宋朝时期的榆关，是辽金的移民重地，辽金曾在这里设迁州，为安定移民思乡情绪，一度将昌黎县改名望都县，将卢龙和迁安一带改名安喜县。

1368年，在河北长城以南的陡河以东地区设置平滦府。1371年，改平滦府为永平府。因为多次经历兵灾，永平府境内的人口稀少。这一年，徐达在北平操练兵马，他上奏皇帝，命都指挥使潘敬等人迁徙

到永平府一带进行屯戍。

这是明代第一次大移民，移民大多安置在永平一带州县。移民们来到燕山以南的平原旷野，需要高山险隘或边墙作为屏障，才能避免蒙古骑兵的骚扰。

1373年，在东北的蒙古兵进犯明朝燕山以南的抚宁县，明朝廷便把抚宁县城迁到了洋河西。后来蒙古兵进犯瑞州，明朝廷又撤销了瑞州，并将瑞州百姓迁到了滦州。这样，永平府东部的广阔地区就没有了关隘。

1380年，元兵入侵，明军指挥刘广战死。千户王辂分兵在迁民镇、界岭口设下埋伏，堵截元兵归路。

明军又从燕河营出兵夹击元兵。元兵退走，到达迁民镇时，进入了明军的埋伏圈，元兵统领或被俘或逃遁。这次大捷，引起大将军徐达对迁民镇战略地位的重视。

迁民镇在隋唐设的榆关东4千米，北面是大山，南面是大海，东面山岭环绕，西面石河环绕，形势险要，简直是天造地设。

1381年，明朝皇帝朱元璋批准徐达修筑北边长城。徐达经过多次实地勘察和精心规划，并创造性地采用了"就地取材、士卒担纲、粮为财源、军民同舟"这一科学方案，发动十余万边卒开始构筑明长城的庞大工程。

工程历时一年有余，关城建筑初现规模。于是，徐达把迁民镇改为山海关。山海卫辖一万户，南至海边，北至寺儿峪。自从修筑关隘后，在明初的一百多年间，蒙古兵不再袭扰边墙东段了，永平府的百姓得以享受太平生活了。

山海关的城墙内部是土筑，外用砖砌。城四面均有关门，"东曰镇东，西曰迎恩，南曰望洋，北曰威远，俱设重建。"城建有水门三个，居东南、西南、西北三隅，以泄城中积水。城外四周设有护城河，平时泄水，战时防敌。

整个城布局为四方形，周围长4.3千米，城高14米，厚7米，关城与长城交接处城墙顶宽15米，可"十人同行，五马并骑。"

山海关城四门上各筑有箭楼，后来南西北门箭楼被毁了，只存东门箭楼，即"天下第一关"城楼。此外，在东面城墙上，还筑有临闾楼、威远堂、牧营楼、靖边楼，均为防卫所用，与"天下第一关"城

楼五座建筑，雄踞山海关城东城之上，素有"五虎镇东"之称。

据《山海关志》记载：

临闾楼在东城上接东罗城北角处。因建东罗城接连关城，虑有不测，特置楼设军。

临闾楼与东罗城同期建成，是拱卫山海关城的防御性建筑。清以后逐渐废弃。后来的临闾楼是后人为了纪念它而建。

临闾楼坐落于一长方形城台上。城台面阔25米，台高10米。临闾楼建筑面积119.52平方米，楼高10.22米。为五脊歇山单檐顶，砖木结构。楼东、北、南三面辟有20个箭窗，战时弓弩手居高临下，凭窗射敌，威力极大。

威远堂即为东北角楼，它位于山海关城的东北角，与位于山海关城东南角的靖边楼互为辅助，遥遥相对。

据《山海关志》记载："威远堂始建于明初。明初徐武宁建关时欲于此建楼，与南角楼并峙"，后因徐达进京未归，工程中途停止。1565年，主事孙应元在角楼旧址上建立了"威远堂"。

威远堂战略防卫地位非常重要，历代都对其进行过不同规模的修葺。清代以后，由于长城在军事战略上的地位逐渐丧失，威远堂也渐渐被废弃，后来仅存遗址。

牧营楼据《山海关志》记载："牧营楼在东城上接东罗城南角处，与临闾楼同为镇东楼的配楼。"以后被废弃。

后来的牧营楼是人们为了纪念此楼阁而建，后来的牧营楼城台为四棱形，台面阔21米，台高11米，南北与主线长城相连。

牧营楼建于城台之上。建筑面积有118平方米，楼高10.5米，单檐歇山瓦顶，两层砖木结构，楼上辟有20个箭窗，易守难攻。

靖边楼亦称东南角楼、东南台，位于山海关城的东南隅，是山海关城的防御性建筑。

据清嘉靖十四年版的《山海关志》中记载：靖边楼始建于明初，在1587年和1611年时分别重修过。清嘉庆十年（1805年）改建为奎光楼，亦称奎星楼。

后来的靖边楼重建时，基本上是仿明式建筑。整个楼体建于一个宽阔的城台上。

靖边楼城台主台体面阔43米，高11米，上建有30个垛口，26个射眼。城台中部内侧有宽9米的东西向马道与山海关城内相通，紧贴城墙一侧还设有宽两米的142步砖制台阶供行人上下。明初建时，是为了一旦战事来临，兵士可及时登城就位，迎击敌人。

城台之上是靖边楼，靖边楼是两层砖木结构，平面呈曲尺形、总

面积658.4平方米，楼高13.47米，歇山式九脊重檐顶。楼内上下两层有木梯相通。楼上有箭窗56个，檐桁枋心，仿明式彩绘，庄重古朴。

为了防御体系的完备，明代官员在山海关关城的城东、西门之外，还各筑有东罗城、西罗城，城南城北还筑有南翼城、北翼城，城西门处还建有瓮城，东门外有城堡、烽火台等多处。

其中，东罗城据《临榆县志》中记载：

东罗城傅大城之东关外，高二丈三尺，厚丈有四寸，周五百四十七丈四尺，门一，在城东，即关门，为东西孔道。建楼于上曰"服远"。水门二，角楼二，附敌楼七。明万历十二年，主事王邦俊、永平兵备副使成逊建。

初设三门，清康熙四年移关时，通判陈天植、都司孙枝茂、守备王御春重修。因塞南北二门，即以东门为关门。旧设敌楼，今废。环城为池，周四百有二丈九尺。

保存到后来的东罗城城池占地24公顷，东罗城周长约为2千米，其中东城墙长395米，置关门一座，敌楼两座，角楼两座。

西城墙为长城主线，长589米。南城墙长439米，置南门一座，水门一座，角楼两座。北城墙长622米，设北门一座，水门一座，敌楼三座。

东罗城城墙平均高度8米，墙面面宽3.2米，城墙为条石基础，三合土夯筑，外壁包青砖，内壁有毛石垒砌的，也有夯筑的。

据说，东罗城初建时设置三座城门，上建"服远楼"。城门之上有一石匾，上镌刻"山海关"三个字，因年久风化，字迹已不甚清晰。

东罗城城门之外有一长方形瓮城护卫。1665年，守备王御春重修罗城时，砌塞南北两门，以服远门为关，成为东罗城唯一的通道。

东罗城内只有一条东西向主干道，名为东罗城大街，全长523米，是关内外的必由之路。因此历史上称之为"两京孔道"。在大街的两

端，即关城东瓮城外，护城河桥东，建有"辽海咽喉坊"一座。

东罗城大街两旁布有枝状的尽端式街巷。巷内曾建有东岳庙、三官庙、天齐庙、关帝庙等。明代中叶建立的东罗城，主要作为关城的防御堡垒，大多用以屯兵、存放武器弹药等。

另外，在东罗城的城墙上有不少青砖砖脊上烧制有当年参加筑城的单位和时间的文字。这种带有文字的砖就达九种，分别为："万历十二年真定营造""万历十二年德州营造""万历十二年建昌车营造""万历十二年燕河路造""万历十二年乐亭县造""万历十二年抚宁县造""万历十二年卢龙县造""万历十二年迁安县造""万历十二年滦州造"。

从这些烧制着文字的砖可以看出，当时参加修筑东罗城的既有营、路，又有州、县，动用了大批军队将士和地方民夫。

西罗城据《临榆县志》中记载：

西罗城，傅大城之西关外，明崇祯十六年，巡抚朱国栋请建，工未毕，通改革中止。门一，在城西，曰"洪宸"。

城未建时，即有拱宸楼，不知何年始建。因土筑易圮，明万历二十四年副将杨元改用砖石。今"拱宸楼"及西罗城均毁。

南北翼城，分别距关城南、北1千米，建筑形制相同。据《临榆县志》中载：南北翼城城墙均高"二丈有奇"，城"周三百七十七丈四尺九寸"，城南北各有一门，为"明巡抚杨嗣昌建"。由于历史的变迁，到后来，这两座翼城皆毁，仅存残址。

除了东罗城、西罗城，以及南北翼城之外，在山海关关城中心，还有一座高9米，方约为17米，穿心四孔的钟鼓楼，此楼后来破烂不堪，人们便把它拆除了。

在关城东1千米的欢喜岭上，还筑有一座威远城，相传为明山海关

总兵吴三桂所筑。后来还有一段遗址，周长614米。此城地处要害，遥控四野，与关城成犄角之势。

这样，山海关城及其附近军事设施，便构成了古代军事建筑群，才有了“山海关关山海”之势。

1385年，徐达于应天府病逝，年仅54岁，他被追封为中山王。徐达一生骁勇有谋，善治军，战绩及筑边功勋永远彪炳史册。

为此，到明代嘉靖年间时，山海关兵部分司主事陈绾便在他的《显功庙》中写道：

太傅提兵出塞还，更因渝塞起渝关。
石驱到海南城堞，垒筑连云北倚山。
辽水至今来靺鞨，蓟门终古镇寰颜。
岁时伏腊犹祠庙，麟阁勋名孰与班？

显功庙奉祀的是明开国元勋大将军太傅中山王徐达。此诗以炽烈的激情歌颂了徐达修筑山海关并建山海关的丰功伟绩。

知识点滴

为了表彰徐达的显赫战功以及他修筑山海关的功劳，明景泰五年（1454年），朝廷下令在山海关城内为徐达立庙祭祀，成化七年（1471年）建成，所建之庙叫显功庙，又称太傅庙、徐达庙，由内阁大学士商辂撰《显功庙记》，勒石立碑。

嘉靖年间山海关兵部分司主事陈绾写了《显功庙》诗，歌颂了徐达筑山海关建山海卫的丰功伟绩。

著名书法家萧显为关隘题字

山海关是由七座城堡、十大关隘和长城上众多的敌台、墩台组成的古代建筑群，整个关城结构严谨，功能明确。

明长城的东起点老龙头与大海交汇，碧海金沙，天开海岳，气势磅礴，雄关高耸，素有"京师屏翰、辽左咽喉"之称，与关城相连的角山长城蜿蜒曲折，烽台险峻，风景如画。

山海关关城上东城箭楼

高高耸立在长城之上，就像一员威武不屈的战将，守卫着整个关城。在这个箭楼上挂有一块长5.9米、宽1.6米的匾额，上面题写着"天下第一关"五个大字。

这五个大字笔力苍劲古朴，有雄视四海之意，又有艺盖八荒的雄风。这个世上罕见的书法出自何人手笔呢？

有人说这五个大字是晋代书法家"书圣"王羲之所写，还有人说是明朝大奸臣严嵩所写。其实，这两种说法都不正确。

王羲之是晋代书法家，而山海关修建于明朝洪武年间，前后相差900多年。而严嵩是明代中期人，在他当道时，天下第一关已建成100多年，这时"天下第一关"匾额早已悬挂好多年了。

真正书写"天下第一关"匾额的，其实是明朝34位书法大家之一，山海关的本地人萧显。萧显在1437年出生，少年时勤奋好学，他曾经在山海关附近的一所寺院读过书。1459年，他考中了举人。

1472年，萧显参加殿试，并获得二甲进士。明朝廷任命他为兵科给事中，让他辅助明英宗处理奏章。

萧显在任职期间，耿直刚正，一直不肯趋炎附势，让朝廷的权贵非常嫉恨。后来，明朝廷又派萧显到云南的一个县担任同知，他同样得到了老百姓的拥护。

1488年，萧显又被朝廷派到衢州，也就是后来的浙江衢县当官，任期时对老百姓非常照顾，深得当地百姓拥戴。

1492年，萧显不想当官了，于是给朝廷上疏，乞求回家养老，朝廷批准了他辞职。于是，萧显回到山海关，在城北的角山后面盖了几间房子，过上了隐居生活，并给自己院子起了个名字叫"围春山庄"，院子旁边还建了墨香、荫秀两个亭子。

回到家后的萧显，天天沉醉在诗、书、酒里，自娱自乐了20多年。在这期间，他的书法艺术也达到了炉火纯青的地步。

这时候，山海关"镇东"城楼已经修好100多年了，但一直没有与之相称的匾额。明朝皇帝朱见深亲笔下旨，要在山海关东门城楼上悬挂一块题为"天下第一关"的匾额，一来可以为山川日月增辉，二来也可以为大明帝国壮威。

镇守山海关的兵部主事接到圣旨后，不敢怠慢，首先派人攀上东

门箭楼，丈量好尺寸，并找了四个出名的木匠，做了一块长5.9米、宽1.6米的巨匾。

望着这个巨匾，兵部主事却不知道让谁来写。这时有一个部下说，能写此匾的人就住在山海关的"围春山庄"，此人就是鼎鼎大名的书法家萧显。并说萧显楷书、草书、隶书、篆书样样精通。

第二天，兵部主事携带礼品登门拜访萧显，并说明来意。萧显笑笑说："我乃赋闲之人，不过练笔养生，实难担此重任。"

兵部主事看到萧显婉言谢绝，连忙躬身揖礼，并说道："萧大人，您是德高望重的清官，又是远近闻名的书家，书写此匾额非您莫属，如果您今天不答应，我就不走！"

萧显沉思半晌，才勉强应允。不过他也提出了条件："让我写这块匾，时间恐怕较长，你们不必催我，心急肯定写不好。"

兵部主事见好就收，连连答应："可以可以，请萧大人看着办就

是了。"

兵部主事原以为，就这五个字，即使两天写一个字，10天也写完了。可他回到衙门20多天了，一点信儿也没有，但有言在先，还不能催呢！

兵部主事想来想去，他想了一个办法，就让手下人备了熏鸡、烤鸭、点心和水果等，还派了两名亲信给萧显送去。

到了晚上，送礼的回来禀报说："萧大人正在练字，书房里贴着历代书法名家的真迹墨宝，桌上地下都是写过的宣纸。"

兵部主事想也没有别的办法，只好再等等。这一等，转眼又过去了20多天。兵部主事又着急了，忙又派人把一些绫罗绸缎和一匹骏马给萧大人送去，意思是请萧显快马加鞭。

时间不长，送礼的人回来报告说："萧大人正在院子里练武功，十八般兵器，刀枪剑戟，斧钺钩镰，技法十分娴熟！"

　　兵部主事一听，有些莫名其妙。无可奈何，只好说："再等等吧！"谁知道一转眼又过去了20多天。兵部主事这回真是沉不住气了，忙让手下人备好文房四宝：笔、墨、纸、砚给萧显送去。

　　时间不长，送礼人回来，禀报说："萧大人正在书房里吟诗。"

　　兵部主事忙问："萧大人都在吟什么诗？"

　　手下人赶紧回复："萧大人在吟'大弦嘈嘈如急雨，小弦切切如私语。嘈嘈切切错杂弹，大珠小珠落玉盘。'什么'来如雷霆收震怒，罢如江海凝青光……'"

　　兵部主事又问："萧大人收到四宝后怎么说？"

　　手下人告诉兵部主事："萧大人看了看礼物说：回去转告你家大人，再过一个月就可以写匾了。"

　　兵部主事听了这话是又急又气，怎么还要一个月？但也实在没有办法，只好继续等待。

可是事情发生了变化。第二天，兵部主事就收到快马急报，新任总督三天之后替皇上视察悬挂匾额一事，要求一切事项必须准备停当，不得有误。

这下可把兵部主事急出汗来了，他无奈之下，只能命人抬着巨匾和墨汁，随他来到"围春山庄"里。

兵部主事见到萧显寒暄几句之后，拱手施礼说："下官今遇急难，务必请萧大人伸手帮助，下官永世不忘。"

萧显忙问其中的原因。兵部主事便把总督要前来视察之事告诉了萧显。萧显听罢点了点头，又摇了摇头，很无奈地说："看来今天这匾是非写不可了，写就写罢！"

于是萧显让人把匾靠在墙上，匾下边又垫上几块砖。他亲自从书房取来一支如椽之笔，将笔放在墨汁里润得饱满，在匾前轻踱小步，屏息静气，凝神细息，静观默察，犹如思接千载，视通千里。

只见萧显拿笔就和公孙大娘舞剑一样，把全身力气灌注到胳膊

上，再由胳膊灌通到手腕上，直到笔端，起笔像飞燕掠食，落笔如高山堕石，有快有慢，又稳又准，言不出口，气不盈息，手随意运，笔与手会，一气呵成，入木三分。

兵部主事在一旁看着，竟然入了迷，心想，练武的讲究"身剑合一"，功夫不到不行，功夫不纯更不行。象萧显这样，身随笔行，笔动身移，也是"身笔合一"呀，这下子可真开眼了。

正看得入迷，就听耳旁有人说："献丑，令大人见笑了。"

兵部主事抬头一看，萧显汗流满面站在匾前，匾上"天下第一关"五个大字墨迹未干，墨香缕缕，笔遒法足，超然旷绝……

兵部主事见此连忙拱手向萧显道谢，祝贺并称赞说："萧大人所题此匾秀处如铁，嫩处如金，朴而自古，拙而自奇，骨重脉和，浑然天成，真不愧为当代书坛巨擘呀！"

萧显听后又摇头又摆手，带着惋惜的神情说："兵部大人过奖了。我本想写得更好些。"

"为了这五个字的形体结构，我先用一个月的时间，精研了前代著名书法家的碑帖墨迹；为了增加腕力，我又用一个月的时间练习兵器，这两步是做到了。"

"可是我想这匾是要悬挂在山海关这座著名雄关上，字体端正有力是不够的，它必须具有神韵，应该骨在肉中，趣在法外。就是说匾上的字应该突破那块木匾，既要力透纸背，又要离纸欲飞……为了达到这种地步，我用诵读古人诗词来开阔胸襟，陶冶性情。可惜呀，这点没能做到！"

兵部主事听了这番话才明白萧显为什么不肯在短期内写匾的原因了。不过他对刚写好的五个大字也是非常满意，连连说："很好很好，依我看此匾定能传于后世，光照千古啊！"

第二天上午，兵部主事让士兵挂好匾额，然后又率众官兵在山海关城东门前的"悦心斋"酒楼盛宴款待萧显。说了一会话，喝了一会酒，大家又一起下楼去欣赏匾额。

大家望着箭楼上的新匾，都交口称赞，这时大家也发现了一个问题，就是"下"字少写了一点。众人不知道怎么回事，都在议论。

这时一个士兵气喘吁吁地跑到大家前面，低头禀报说："前来替皇上视察匾额的总督已到城外的欢喜岭了！"

众人忙向萧显看去，只见萧显不慌不忙，一副胸有成竹的样子。

萧显命身边的书童端来墨盆，让人从酒楼找来麻团抹布捆好，浸在墨盆当中，待全部浸透，用二尺见方的棉布包好，用尽平生力气，将墨团向"下"字投去，只听"膨"的一声，"下"字一笔不缺了。

兵部主事和众人惊得目瞪口呆，半晌说不出话来。等大家清醒过来，止不住异口同声地称赞："萧大人真是巧夺天工啊！"

知识点滴

传说在重修山海关时，主持工程的知府一时找不到写匾额的人，心里十分着急。有人推荐了一位秀才。可是，因为这个秀才家里非常穷，知府便有些瞧不上他。这个秀才听说此事后，就决定以后不帮知府题字。

不久，重修山海关的工程完工，只等写匾额了。知府便把秀才的几位朋友请来，要他们轮流去请秀才帮忙写饭店招牌。一人写"天天饭店"，另一人写"下榻佳处"，让大家暗中把"天下第一关"几个字藏在招牌里面，到时候再剪出来拼在一起就行了。

秀才不知是计，就帮朋友们写了招牌，可当他写到最后一块带有"关"字的招牌时，突然想到了知府的计谋，便再也不帮大家写字了。

最后，知府只好另外请了一个人写了"关"字。

但这最后一个字的样子，远看还可以，近看就明显配不上前面几个字。为此，山海关匾额就流传下"远看山海关，近看山海门"的传说。

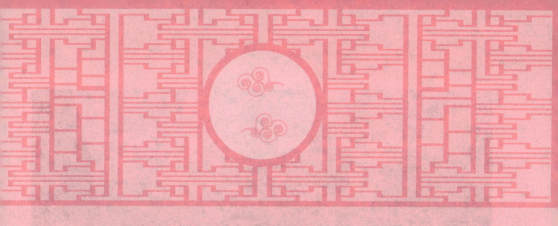

抗倭英雄戚继光整修关隘

明代时，虽然将军徐达和军师刘伯温奉旨建成了山海关，但是由于年代已经久远，到了明朝隆庆年间时，抗倭英雄戚继光又重新修缮了山海关，并维修了角山长城，完善了明代长城的防御体系。

当时，东南沿海的倭寇，在戚继光和其他明朝军队的打击下，败退到海上，短时间内不敢再侵扰了。朝廷上看到倭患已除，便把主要精力放到北方的防务上。

　　到1567年时，蒙古部落的首领俺答带领蒙古骑兵，屡次到山海关等长城一带侵扰。蒙古骑兵常常到蓟州、昌黎、抚宁、乐亭、卢龙一带抢夺当地老百姓的粮食和财产，老百姓们非常害怕，他们的生命财产也遭受了严重损失，边境形势非常严峻。

　　看到情况不断恶化，朝廷紧急商议对策，于是调两广总督谭纶、福建总兵戚继光、广西总兵俞大猷到北方来整顿边防部队。

　　1569年，戚继光被任命为蓟镇总兵，镇守蓟州、永平、山海关一带。他对待蒙古骑兵的观点是："必须驻重兵以挡其长驱，而又乘边墙以防其出没，方为完策"。

　　戚继光看到长城守卫部队疲弱不堪，战斗力低下，就先调他以前的下属率3000多名戚家军北上密云郊外待命，随后充实到山海关防线。随后又陆续调来南方兵20000多人，这样使山海关一线的防务充实了起来。

　　戚继光是个坚韧不拔的人，他一面不断加强练兵，改良武器，一面修复城墙，来挡住蒙古骑兵。

　　戚继光把在台州抗倭时的经验应用到了这里，在长城上依山就势地修建了大量的空心敌台。他不辞劳苦，亲自拟定筑台规则，在台州所筑敌台的基础上加以改进创新，至1581年，他防守的地方共建1448座空心敌台，这些敌台进可攻，退可守。

　　戚继光认为长城不够牢固，他参考台州城在城墙两侧用砖石包砌增加牢固的经验，大规模地用砖石包砌长城，也就是用经过修整的石条为基础，墙体内外用青砖包砌，一直至顶，白灰勾缝，内部用三合土，保障墙体坚固耐久。

　　同时，他又完善了长城的附属设施，增建很多的垛墙、悬眼等设施。在墙外削偏坡、挑壕堑、挖土坑，减弱敌人的攻击能力。

　　通过这些措施，就构成了一个城墙高峻，敌台林立，烽燧相望，

完整而坚固的防御工事体系。

这座防御工事的东起点叫老龙头，距离山海关城南4千米。明朝时的长城横跨崇山峻岭，如一条巨龙伸入渤海，所以这个地方就称作"老龙头"。老龙头由入海石城、靖卤台、南海口关和澄海楼组成。

据说，老龙头的入海石城就是戚继光为了防止蒙古骑兵趁退潮或冬季枯水季节从海边潜入，动员士兵修建的。

关于修建入海石城，还有一个动人的传说：

相传，过去在老龙头脚下，一个挨着一个，扣着无数的大铁锅。这是怎么回事呢？

老龙头入海20多米，修起来实在太难了。1500多名士兵，只能等着海水落潮，才能抢上去修一次。

可是大海无情，三天一涨潮，五天一落潮，城墙修不多高，潮水一冲，砖头石块，七零八落，修一次，垮一回，不知修了多少天，只

弄得无数生命葬身海底，戚大人也一筹莫展了。

　　当时的皇帝听到有一些大臣在议论戚继光的事，说戚继光修32关，设3000敌台，铸5000斤一尊的铁炮，真是劳民伤财。皇上就派了一个太监做钦差到山海关监军。

　　这位太监公公来到山海关，才知道戚继光在山海关南海上正修"老龙头"，立刻马不停蹄，直奔山海关而去。

　　山海关全城的乡绅耆老拜见钦差大人，并禀告钦差大人："敌兵常从海上越境，老龙头千万不能半途而废。"

　　钦差大人说："圣旨期限三天，金口玉言，谁也改不了！"

　　戚继光听到这个消息后怒气难消，知道限期三天是假，想借口定罪是真。虽然个人的去留无所谓，但老龙头还没有修完，这是一桩最大的心事。

　　牵挂着国家安危、百姓生命的戚大人，心中正在闷闷不乐，忽然门帘一挑，一个老汉进了屋。

这老汉是跟随戚大人的一名伙头军。只见老汉把米饭、咸带鱼摆上八仙桌，说了声："大人不必为此烦恼，待用完饭后，我再回禀，或许对修老龙头能有所帮助。"

原来，老汉请求戚继光下令，明天全军在海滩上埋锅造饭。

第二天，传令全军，在退了潮的大海滩上搭锅造饭。只见海滩上炊烟四起、火光一片。一顿饭工夫，忽然海上丈高巨浪，铺天覆地涌上岸来，众军士一看，丢锅弃碗，早逃得无影无踪。

过了三天三夜，大潮过去了，海上又恢复了平静。戚大人去察看城基，竟依然立在原地，心中甚觉奇怪。这时，老汉走过来，指着周围沙滩上一个挨一个的圆东西，让戚大人看，原来是做饭用的铁锅扣在沙滩上。

老汉说："这锅扣在沙滩上，任凭风吹浪打，不移不动！"

老龙头工程终于按期完成，但戚继光仍被朝廷明升暗降，调往广东去了。

虽然戚继光被调走了，但是由他主持修建的，位于山海关城南的

防御工事老龙头却一直保存到后来。

老龙头由入海石城、靖卤台、南海口关和澄海楼组成。其中，最为著名的建筑当属有"长城连海水连天，人上飞楼百尺巅"之称的澄海楼。它既是老龙头的制高点，也是观海的胜地，高踞老龙头之上。

澄海楼高14.5米，面宽15.68米，进深12米。楼分两层，砖木结构，歇山重檐瓦顶。楼上有一块匾额："雄襟万里"，为明代大学士孙承宗所题。

另有一块"元气混茫"匾额和一副楹联：

日光用华从太始；
天容海色本澄清。

据说，这块匾额后楹联都是后来的清代乾隆皇帝御笔亲题。

澄海楼两侧的墙壁上还镶着多通石碑，上面镌刻着几位帝王和众多文人学士登楼时所吟诵的诗词。

老龙头不仅是伸入大海、建造十分机巧的军事设施，而且又是万里长城中唯一兼有关、山、海、色等诸多景观的绝佳之处。

登上老龙头的澄海楼俯身下望，"入海石城"吞吐海浪，激起飞涛如雪；极目远眺，海天一色，巨浪奔涌，气吞海岳，使人心襟大开，豪情满怀。更为奇特的是，有时海面上风号雷吼，浊浪排空，岸上风声阵阵，木摇草伏，而登上澄海楼观海的人却静寂不觉，这便是名闻古今的"海亭风静"胜景。

传说夜间登楼还有可能欣赏到"沧海明珠"的奇观。夜深风静之时，澄海楼面对的大海上，会忽然间群星璀璨，光芒四射，犹如出现了一个闪烁的灯市，五彩纷呈，令人陶醉。

据说，这是因为老龙头一带海里盛产大蚌，众多大蚌一张嘴时露出腹中的珍珠，就形成了这种不可多见的奇景。

澄海楼前有一通古碑，高2.65米，宽0.7米，上面只有四个赫然大字："天开海岳"，字体浑厚古朴，遒劲苍郁。

这四个字将老龙头一带海阔天高、山岩耸峙的磅礴气势描绘得淋漓尽致。

知识点滴

据说，当年，戚继光修建好明代长城防御工事后，为了检验修城练兵的效果，在1572年借朝廷检阅的机会，在蓟州的中心地带汤泉组织了16万士兵参与的防御入侵的演习，历时20天，规模空前，成绩巨大。

通过这次大检阅、大演习，充分展示了守军高昂的士气，精湛的战法，严密的防守。也展示经戚继光修建的长城敌台在防御上的重要作用，是戚继光军事思想的一次成功实践。

居庸关

居庸关是长城上的著名古关城。关城所在的峡谷，属太行余脉军都山地，地形极为险要。它与紫荆关、倒马关、固关并称明朝京西四大名关，其中居庸关、紫荆关、倒马关又称内三关。

居庸关历史悠久，早在原始社会时期就有人类活动的迹象。春秋战国以来，因其地理位置的重要性，一直都是兵家必争之地。

汉代以来，居庸关正式建立关口，成为中原政权与关外游牧民族激烈争夺的目标，在无数次王朝更替中起了不可替代的作用。

始建于战国时期的雄关

　　据说，在三四千年以前。轩辕黄帝征伐蚩尤，两军在河北的涿鹿、阪泉之野，曾发生过一场决定胜负的恶战。战争的结果是蚩尤战败被杀，黄帝随即对其臣民进行了收编，别其善恶，分别迁居到一个叫"邹"，一个叫"屠"的地方。

　　邹，古音读"聚"，屠，古音读"居"。由于年代久远，诸多氏族杂居，加之同音异字流传，这个叫

"屠"的地方便有了"居庸山"，后来又有了"居庸塞"。

到春秋战国时期，分裂出许许多多个诸侯国，这时，位于居庸塞的地方属于诸侯国中的燕国。

公元前663年，燕国为了防止北边东胡的骚扰，便利用居庸塞等地的天然隘口，在居庸塞的附近修建了一条燕北长城。这样一来，居庸塞便第一次作为长城的关隘而存在了。

但是，这个居庸塞第一次出现在我国古籍上，是在公元前247年，当时，战国末期的政治家吕不韦在他亲自主持编撰的《吕氏春秋·有始》中这样记载：

> 天有九野，地有九州，土有九山，山有九塞。
>
> 何谓九塞？大汾、冥阨、荆阮、方城、肴、井陉、令疵、勾注、居庸。

如此可见，"居庸"之名早在战国时期便已有，而且，在秦始皇统一六国之前，居庸塞就已经存在了。

　　不过，居庸关正式设立关城的历史最早可追溯至汉代，据《汉书·地理志》中记载："上谷郡居庸有关"。

　　此外，后来在内蒙古和林格尔发掘出了一座汉代古墓，墓内壁画上有一幅居庸关的画面，上面有"居庸关"三字，字的周围还描绘出了当时关内外人来人往、车水马龙的一片繁荣景象。

　　这说明在1900多年前的汉朝，居庸关不仅已经出现，而且在经济贸易交通运输方面已经非常发达。

　　另外，虽然居庸关最早作为长城的关隘而存在是在战国时期的燕国，但是，它最后与秦始皇时修建的万里长城连接在一起却是在后来的五代十国时，那是446年和555年。

　　当时，北魏和北齐分别派人上百万的人在居庸关一带修筑长城。这条长城长达450千米，自古代的幽州至恒州，并由居庸关往东把长城修到山海关。自此，居庸关才与真正的万里长城相合，并成为长城上的重要关口。

居庸关长城所在的峡谷，属太行余脉军都山地，位于距北京50余千米外的昌平区境内。此地地形极为险要，为此，居庸关关隘自古为兵家必争之地。它有南北两个关口，南名"南口"，北称"居庸关"，为北京西北的门户。

居庸关两旁，山势雄奇，中间有长达18千米的溪谷，俗称"关沟"。这里清流萦绕，翠峰重叠，花木郁茂，山鸟争鸣。绮丽的风景，有"居庸叠翠"之称，被列为"燕京八景"之一。

关于居庸关的名称由来，古人曾认为，秦始皇于公元前215年遣大将蒙恬领兵30万北伐匈奴，收复河南地之后北筑长城。

秦始皇将囚犯、士卒和强征来的民夫徙居于此，取"徙居庸徒"之意，故名居庸关。也就是说，居庸关因居住过修筑长城的人，才有了这一名称。

另外，在北齐年间，居庸关还曾被命名为"纳款关"，唐代时也被称作蓟门关、军都关等名。

知识点滴

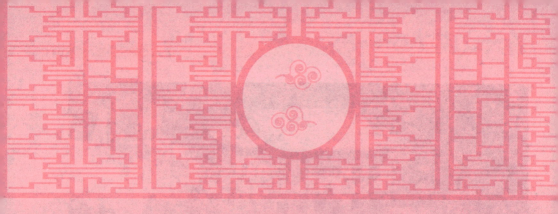

元代时建成居庸关云台

1271年，忽必烈正式建国，号为"大元"。1272年，忽必烈在大都定都，大都也就是后来的北京。在定都大都以前，忽必烈把开平，也就是后来的内蒙古自治区锡林郭勒盟正蓝旗境内作为上都。

这时候，元世祖统领下的疆域辽阔，包括后来的内蒙古高原地带

都是元朝的国土，所以居庸关一带就不是防御重点了。这里变成了元朝皇帝往返于大都和上都的重要通道。

据古籍上记载，"每岁至驾行幸上都，并由此途"，也就是说元代的皇帝每年都要回内蒙古家乡看看，而且都要经过居庸关。

作为皇帝经常走的御路，居庸关内关沟峡谷20千米的山路得到一定程度的修整。在这一时期，居庸关的经济、文化出现了一个飞跃。

与此同时，元朝皇帝还把居庸关作为了自己的行宫，使这里的建筑有了空前的发展。当时，居庸关内建有花园、寺院和皇帝住宿的地方，并在峡谷的南北口建了两道大红门，作为居庸关的南北大门。

另外，在居庸关南北两口，还设了千户所，后来又改成万户府，驻兵3000人，主要是用来缴巡盗贼。

据《顺天府志》记载：一次，元顺帝路过居庸关时，看到这里的山川拱抱的形状，想到祖先打江山的辛劳，于是就在两山之麓建一个

"西域浮屠"，在下面通道路，可以行人，意思是希望塔下经过的行人受到佛法的保佑。

元朝文人熊梦祥写的《析津志》上也这样记载：

> 至正二年今上始命右丞相阿鲁图，左丞相别儿怯不花，创建过街塔。在永明寺之南，花园之东，有穹碑二，朝京而立，车驾往还驻跸于寺，有御榻在焉。其寺之壮丽，莫之与京。

可见，元代时居庸关已经有了一个规模宏大的建筑群，其中就有过街塔，气势宏伟的永明寺、穹碑、花园等，还有像棋盘一样排列整齐的房舍和皇帝及随行人员居住的宫室建筑。

不过，随着时间的推移，居庸关内这些宏大的建筑群，最终因为各种原因已经不复存在了。仅有过街塔的基座保存到后来。

这座基座也被称为居庸关云台，坐落在居庸关关城之内，始建于1342年，1345年落成。云台上原矗立着三座喇嘛塔，俗称过街塔，塔北有寺，名永明寺，在元末明初时被毁。

1439年，人们在云台基座上又重新建造了一座寺院，名安泰寺，该寺于1702年又全部被毁，后来便仅存了过街塔的基座。

基座部分即是云台，它全部是用大理石砌筑而成，平面为东西向矩形，底部东西长26.84米，南北深17.57米，台顶部东西长24.04米，南北深14.73米。台体中间开一南北向券洞，高7.27米，宽6.32米，券洞的顶部用五边折角的砌筑方法砌筑而成，上面保存有精美的元代石雕。

台顶部有两层，底部出挑石平盘上刻云头、下刻兽面及垂珠图案，顶部四周的石栏杆、望柱头、栏板及向外挑出的螭头均保持元代的风格。

券门及券洞内两壁上镌有极珍贵的元代遗物。

其中，券门两旁刻有交叉金刚杵组成的图案，以及象、龙、卷叶花和大蟒神，正中雕金翅鸟王等。券洞内两壁及顶部遍刻佛像，佛像造型生动，雕刻技艺高超。

据专家考证，这些石刻造像具有典型藏传佛教萨迦教派的特征。

券门两壁刻有四天王像，这是整个浮雕群中最醒目的部分，各高 2.75 米，宽 3.65 米左右，身材魁梧、气势威猛。

四大天王手中所持物品为剑、琵琶、伞和蛇，在佛经中分别寓意风、调、雨、顺。作为护法神，天王被塑造成威武而森严可怖的形象。

他身躯魁梧，身穿战袍和盔甲，手中拿着一把利剑，面目凶恶，满脸横肉，眉头紧锁，不怒自威。天王坐在高台上，左右两边分别侍立着鬼卒和武士，脚下还有两个小鬼，突出一种威严气势和力量感。

从细节上看，天王战袍上的飘带上下翻飞，动感十足，是这件作品中最精彩的部分。

云台券门两壁四天王的空间处，还有用梵、藏、八思巴、畏兀儿、西夏、汉等六种文字镌刻的《如来心经》经文、咒语、造塔功德记等。

西夏文是纪录我国古代党项族语言的文字，创制于 1036 至 1038 年

间，当时约有6000多字流行。八思巴文是元世祖忽必烈命其帝师八思巴创立的蒙古新字。它脱胎于藏文，采用拼音的方式书写，并于1269年颁诏推行。

以上两种文字流传时间很短便废弃不用，而居庸关云台上保存下来的石刻文字对破译古代文字，以及研究西夏、蒙古历史都提供了非常珍贵的实物资料。

云台券门顶部还刻有五个曼荼罗，即五组圆形图案式佛像，佛界称其为坛场。坛场的设立有保护众佛修炼、防止魔众侵犯的意思。五曼荼罗的主尊佛像，由北往南依次为：释迦牟尼佛、阿弥陀佛、阿佛、金刚手菩萨、普明菩萨。

其中，除释迦牟尼为佛祖之外，其他四菩萨在此显现，有四方教主的意思。五曼荼罗连同其他佛像，共197尊。

云台券门顶两侧的斜面上，还刻有十方佛，在每方佛的周围还分别刻有小佛102座，共计小佛1020座，取共千佛之意。

据说，这些小佛刻画，是明朝正统年间，修建泰安寺时，由镇守永宁的太监谷春主持补刻的。连同十方佛下的菩萨、比丘，券顶两侧共有刻像1060尊。

此外，在云台券门的南北券面上，还雕刻着一组造型独特的造像，其中有大鹏、鲸鱼、龙子、童男、兽王、象王等，佛界称其为"六拿具"。

大鹏寓意慈悲，鲸鱼为保护之相，龙子表示救护之意，童男骑在兽王上自然是寓意福资在天，而象王则有温驯善师的含意，券面最下端的石刻纹饰为交杵，又称羯魔杵、金刚杵。原本为古印度的一种兵器，在此为断烦恼、伏恶魔，护持佛法的法器。

从整体来看，居庸关云台浮雕对人物的刻画细致入微，动静结合，刚柔相济，堪称元代雕刻艺术的精品之作。

当年，为元朝皇帝修建的行宫，以及过街塔等建筑修成后，这些建筑与居庸关附近的峰峦、山川、树木互相辉映，形成皇家驻跸的胜地，成为盛极一时的地方。

居庸关云台上的四大天王石刻是护持佛法，镇守国家四方的尊神。

据说，明朝正德年间，武宗皇帝朱厚照微服出游，夜间骑马偷偷混出居庸关时，他的坐骑见到四大天王像，吓得不敢前行。无奈之下武宗下令用烟火把四大天王像都熏黑了，才得以出关。

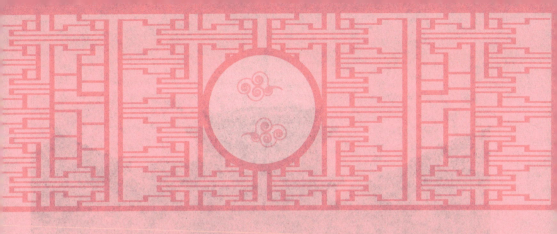

明代大将主持重建关城

1368年，朱元璋在南京建立了明朝，成了明代的第一位皇帝。

此时，朱元璋虽然建立明朝，但是元朝的都城大都仍然在元朝最后一位皇帝元顺帝的手里。

为了能够顺利地攻下元大都，朱元璋派出自己的大将军徐达等人率领大队人马从元大都旁边的重要关隘居庸关攻入。

元顺帝知道自己大势已去，便带着他的太子和后妃从皇宫的建德

门逃出来，从居庸关逃往上都开平。

随后，徐达等人一鼓作气攻下了元大都。明朝大军攻下了元大都，从此建立了对全国的统治，元朝统治者退出了中原，又回到了蒙古草原。

但是逃回旧地的蒙古贵族，依然不断南侵，对明朝的地域进行骚扰。为了防止他们的侵扰，明朝皇帝朱元璋派出部下，加强了对蒙古贵族进入中原的重要关隘居庸关的建设和巩固。

1370 年，朱元璋派开国元勋徐达修筑了居庸关城，这是明代修建长城关隘最早的记载。

关于这段历史，在明朝的巡关御史王士翘的《西关志》一书中有清楚的记载：

洪武元年，徐达、常玉春北伐燕京，元主夜出居庸关北循，二公遂于此规划建立关城……东筑于翠屏山，西筑于金柜山，南北两面，筑于两山之下。

　　这里的"洪武元年"便是指1368年。由此可见，居庸关从明代起，又恢复了它的军事战略地位。

　　历史上，自汉朝起，居庸关关城就已经颇具规模。南北朝时，关城建筑又与长城连在一起。此后历唐、辽、金、元数朝，居庸峡谷都有关城之设。

　　这道关城又称蠮螉塞、军都关。蠮螉，即土蜂又称细腰蜂，关上筑土室以候望，如蠮螉之掇土为房，故名。

　　不过，由于年代的久远，原来的关城早已经因为各种原因而被损毁，为此，由徐达将军等人所规划的关城，便是一座重建的建筑。

　　据说，徐达将军等人规划建成的关城，是很大的。古书记载："跨两山，周一十三里，高四丈二尺。"这座著名的关城一直保存到后来，并成为居庸关最主要的建筑之一。

　　居庸关关城建在高40米的关沟中部，扼守南北交通要道。其关城建设巧妙利用了"两山夹一水"的地理环境。关城主要建筑，建在"云台"北、西、南侧。

长城作为军事攻防屏障，沿西侧金柜山、东侧翠屏山建设。南、北跨河道段用长城连接。西山相对高度351米。东山相对高度150米。长城围绕关城呈圆周封闭型建筑形式。

当年，居庸关关城建立后，明朝廷又在此地置守御千户所。

几年后，明朝为了彻底孤立元朝残余势力，又将大量大漠以北的人迁到长城以内，并认为当时具有战略意义的关城有四个，而居庸关就是其中之一。

1404年，明朝又在居庸关置卫，下领千户所五处，以作为明朝京城北京的北面固防。

到1423年，明朝的第三位皇帝明成祖朱棣第四次亲征，战胜回师，11月4日入居庸关。

这时，京师各衙门官员都来迎驾。在居庸关举行了隆重盛大的仪式。参加这次欢迎仪式的中外文武群臣和百姓竟达100多万人。由此可以看出，居庸关在当时是非常繁华的。

知识点滴

在我国，居庸关与紫荆关、倒马关、固关并称明朝京西四大名关。

后来，明朝为加大京师的防御纵深。分别又以雁门、宁武、偏关为"外三关"，以居庸、紫荆、倒马为"内三关"，构成两道长城防线，占燕山、军都山、太行山以及恒山、管涔山、吕梁山之地利，瞰制了主要的歼敌战场。

这种防御布势，不仅着眼于敌人从正面，即蓟州、宣府、大同方向的进攻，而且考虑了敌人取陕、晋实施战略迂回的可能，筹谋是比较缜密的。

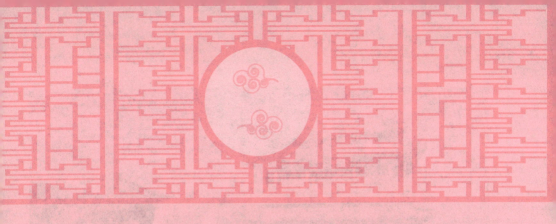

明代景泰年间的关城扩建

历史上，自从徐达将军指挥人员在居庸关建成关城以后，在后来明朝建立的200多年里，一直没有停止对长城的修筑和加强长城的防务。其工程之大，耗资之巨，在我国历史上是独一无二的。

作为长城重要关隘的居庸关，当然也在明朝时得到了大幅度的发展。并且，明朝对居庸关较大的一次修建是在景泰初年。

当时，正是"土木之变"之后，兵部尚书于谦奏明皇上：居庸关为京师之门户，宜亟守备，以金都御使王镇守重修居庸关。

这次所修的居庸关城垣，是在徐达、许廓所修关城基础上的又一次扩建。此项工程于景泰六年，也就是1455年才顺利完工。

经过这次修建，居庸关城建制达到最完备的程度。不仅加固了关城，设水陆两道门，关城之内还设有衙署、书馆、庙宇、粮仓、神机库等各种相关的建筑设施。此外，在南北关门外，还分别筑有瓮城。

这些新建的建筑，有很多一直保留到后来，其中，南关瓮城、北关瓮城、贯穿关城的水门、关城内仓储，以及关城内外的国计坊、表忠祠、迎恩坊、城隍庙和戏台等成为居庸关最著名的几个建筑。

居庸关南瓮城也称南月城，呈半圆形，面积2500余平方米，城墙高4米。城台外缘砌垛口，内侧砌女墙。此处是古代盘查过关行人和商贾货物的地方。

瓮城西侧有券门洞一孔，门洞上有闸楼，在此门道路后的南侧，有一块迎恩牌坊。

瓮城东侧有能登上城台的通道，通道顶有登城房。登城房北有连通东山长城的通道口。

在弧形瓮城城台上设有炮台，陈列着明代古灯，外墙有垛口，内侧墙低矮无垛口。

作战时可将敌人诱入瓮城，主城关闭阻其入城，再放瓮城闸门，敌人就被困在瓮城里，只能束手就擒，有"瓮中捉鳖"之意，因此得名瓮城。在瓮城之中建有一座福佑关城的关王庙。

瓮城北侧为主城台，城台上建有高大的三重檐城楼，也称关楼，是居庸关最高大的单体建筑。

关楼为南北向，自地面计算高达31.8米。城楼南北两侧各挂有一块白底黑字巨匾，宽5米，高1.5米，上书"天下第一雄关"字样，据说，此名出自清代旅行家钱良择的《塞外纪略》一书。

关楼下方主城台有通向关城内部、云台以及通往北关城楼的道路。在关楼下的门洞上方有石匾一块，楷书"居庸关"三个大字，并刻有"景泰伍年捌月吉日立"题记。这里的"景泰伍年"便是1454年。

居庸关北关瓮城与南关作用相同，呈长方形的瓮城上设有炮台，瓮城城门朝向北侧，北瓮城中建有北方镇守大神真武庙，庙内供有12生肖神。

在居庸关南瓮城和北瓮城城墙之上，分别还陈列着五门古炮。

南瓮城陈列"大将军铁炮"两门，长1.7米，炮口口径8厘米。"竹节铁炮"三门。长1.7米，炮口口径15厘米。

北瓮城陈列"大将军铁炮"两门，分别长1.77米和1.79米，炮口口径7厘米。"竹节铁炮"三门，长分别为1.08米、1.5米、1.7米，炮口口径为14厘米和8厘米。

居庸关南瓮城至北瓮城相距650米。东山山顶至西山山顶直线距离约1.1千米。长城向内周圈面积50平方千米左右。

北瓮城建有千斤闸，南关水门设有水闸。在关城以外，东北、西北、东南、西南方向建有烽燧。翠屏山长城北端凿有"劈山墙"。

居庸关长城对东侧"九仙庙"沟，西侧"羊台子"沟，西北侧"小西沟"，东北侧"劈山沟"，西南侧"马神庙"沟连同南北城和南北水门共八条防御沟路。

居庸关的水关建在长城与河道交叉之处，是一座有双孔圆拱水门，水门上有闸楼，内设水闸，借此控制门内外水量，洪水季节打开闸口泄洪，枯水季节储备河水供关城使用。水门桥墩为南北尖状，以利于减少洪水对水门的作用力，起到了防止毁坏，延长使用时间的作用。

此外，居庸关的仓储包括永丰仓和丰裕仓等，都是明代囤积军用粮草的场所。

旧时关城与水路河流相连，军用粮草由水路槽运到关城，查收后，屯入仓储。最多时，仓储内要囤积14000兵马近一年的粮草。

以永丰、丰裕两仓为中心，山前峪中遍布粮仓、草场，借此防备敌军长时间围城，阻断粮路。

国计坊是由南关进入长城的第一座牌坊，取名"国计"是指国家大计所在。

古时建此牌坊，意在警示居庸关是北拒强敌、南卫都城的关口，是国事军务的重中之重，国家大计所在，同时也是关城重要性的象征建筑。

表忠祠位于居庸关关城内西南侧，建筑面积159平方米。有正殿三间，左右配殿各三间，大门一座，它们均为布瓦屋面起脊样式。

表忠祠是为纪念明朝副都御史罗通而建。

罗通，字学古，江西吉水人。1449年，奉命镇守居庸关。同年十月，元兵30000多人攻打居庸关，罗通身先士卒冒死据守居庸关。

关城西南城墙被敌攻破，罗通命人用布帐围起来，用水浇注为冰，阻止敌人进入。敌人攻城7日未曾取胜。又转攻紫荆关，罗通率兵追击，敌人北逃。

因抗敌有功，罗通被升为右都御史加太子少保。后建表忠祠，春秋祭祀。

表忠祠正殿座是罗通和夫人像。两侧为侍卫。南配殿正中泥塑张钦像。

张钦，明代顺天府通州人。任贵州道监察御史。1517年巡查居庸关。当年农历八月，武宗皇帝欲出居庸关狩猎。张钦为保皇帝安全，关闭关门阻止皇帝出关北上，并三次进谏陈述理由。几经周折，武宗皇帝就没出了居庸关。

张钦对武宗皇帝忠诚，武宗皇帝听从忠谏，君仁臣直成为美谈，张钦后升为工部右侍郎。

迎恩坊位于关城南侧，四柱三楼。黑琉璃瓦面，柱子用花岗岩石制成，彩画成铁红色。

迎恩坊其旁边还有一座凉亭，与牌坊成为一体。

取名迎恩是指：每一次守关将士作战胜利都会上报朝廷，皇帝会派遣使者，带着奖赏的圣旨和金钱酒肉到关城慰问战士，以示奖励。守关大将要在此地摆香案供桌迎接圣旨和传圣旨官，牌坊因此得名迎恩。

城隍庙位于关城内，是我国城隍庙中地位较高的一座城隍庙宇，同是也是居庸关长城内规模最大的一座庙宇。

城隍庙建筑规制为：正殿三间，寝殿三间，庙门三间，戏台三

间。以上建筑的屋面为黑琉璃瓦黄剪边。东、西配殿各3间，建筑屋面为黑琉璃瓦绿剪边。

城隍庙建筑为砖木结构，正殿为起脊歇山形式。配殿和庙门为硬山形式，墙体为小青砖磨砖细砌，彩画为旋子大点金形式，建筑面积538平方米。

城隍庙殿内陈设：正殿正中主神台塑"居庸关都城隍"一尊，威武庄严，高达3米。城隍两侧各一尊仕女。身前两侧分别为文、武大臣。正殿两山神台塑坐姿判官四名。分别是：掌刑判官、掌生死判官、掌善判官、掌恶判官。

四个山墙角，塑有站姿"牛头""马面""黑无常""白无常"。正殿内墙壁绘有壁画，它们是"十善图""禹门图""十八司""双龙图""皂隶图"，正殿挂匾四块。

城隍头顶，为"浩然正气"匾。该匾长2.55米，门额挂"城隍殿"斗字匾。寝殿中房塑着便装城隍和城隍夫人。两侧分别为卧房和书房。

两配殿为"阎王殿"。配殿内墙壁绘有"龙图"和"十八层地狱图"。山神庙塑有山神和山神夫人。土地庙塑有土地神和土地夫人。两庙内绘有"二十四孝"壁画和两幅山水壁画。

庙门内，塑马将军像一尊，白龙马一匹，轿夫两尊。庙门内安置轿子一顶。墙面绘"城隍出巡图"和"回銮图"两幅。庙门外安放石狮一对。

城隍发轫于古代水墉，早期是城墙护城河神化的产物，属自然神。随着城市的建立和发展，城隍神逐渐演化成社会神。

城隍神原型在我国出现可追溯至距今五六千年的新石器时代晚期。明代由于朱元璋封天下城隍和完善祭祀城隍制度，城隍信仰达到了鼎盛时期。

每月的初一、十五入庙进香；新官上任要向城隍报到：城隍、城隍夫人生日，演戏祝寿。清明、七月十五、十月初一抬城隍木像出巡。每次祭祀活动，参与人数众多，尤其是"三巡会""城隍诞会""求雨求晴"等。

明代以后城隍庙，仿人间官署衙门样式而建。庙则多神杂居，以满足不同人们的心理需求。

在明朝时，经过景泰年间的大规模修建以后，居庸关的范围还分为了五道防线：北面有岔道城、八达岭、上关城，南面有南口，加之居庸关关城，合为五道防线。为此，居庸关在军事防御方面也达到了最完备的程度。

明朝中期以后，明朝的军事防御重点转移到山海关一带，居庸关的军事地位开始下降。清朝时期，尤其是晚清以后，居庸关的军事地位进一步下降，逐渐成为一个历史遗迹。

知识点滴

明代是我国古代大炮铸造和使用最兴盛时期。元朝末年，朱元璋起义，和州人焦立向他呈献十支新式武器"火铳"。用火药发射铁弹丸，当时称为"火龙枪"。明朝建立以后，专门设有兵仗军器局，研制铸造大炮。

当时，大炮被称为"神威大将军"。在军队中，设有使用大炮的军机营。京城卫戍，长城关口要冲，配备神机营。

明成祖时，下令在长城沿线安置大炮。还有"佛郎机""神枪""铁铳"等。到了明代中叶，大炮的铸造业越来越精良，制造出的"红夷大炮"长可二丈有余，重3000斤。发之洞裂石城，声震数十里。这种大炮，有照门和准星用于瞄准。射程可达500多米。

新中国成立以后，在修复居庸关北关城时，考古学家发掘出土石炮弹23枚，最大直径为15厘米，铁炮弹6枚，最大直径5厘米。

娘子关

娘子关又名苇泽关，在河北、山西两省交界处，是两省的咽喉要地。山西人把娘子关内外作为省内外的标志，因此，它也有"三晋门户"的称号。

娘子关是长城的著名关隘，有"万里长城第九关"之称，为历代兵家必争之地。

娘子关后来的关城是明代嘉靖年间所建。古城堡依山傍水，居高临下。作为"三晋门户"，娘子关的地理位置、关名由来及历史沿革一直是人们关注的话题。

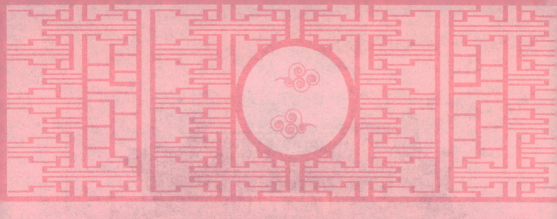

因"娘子军"而命名的关隘

隋朝末年，天下大乱，在太原地区当太守的李渊起兵，希望建立一个新的王朝。

这时，李渊的第三个女儿李三娘及女婿柴绍还在京城长安。李渊

　　的第二个儿子李世民便写密信让柴绍速赴河东。

　　临行前，柴绍对妻子说："岳父举兵，让我前去。我想同你一起去，怕途中多有不便。要是留你在这里，又怕有危险。怎么办呢？"

　　李三娘听罢答道："你只管快走，我这里自有办法，请你不要牵挂！"柴绍赶赴太原以后，李三娘就悄悄离开长安，在长安附近丈夫的家乡户县住下。

　　当时，李三娘听说当地庄稼歉收，民众饥饿，她便将丈夫家的家产变卖，并买成粮食，救济百姓。

　　随后，李三娘便以护寨守院为名招募了一批兵丁，组成了一支队伍。她还嫌队伍弱小，又前往山中说服匪寇，组成了一支义军。因为这支部队是由李三娘组建的，所以人们称这支部队为"娘子军"。

　　不久，李三娘和自己的娘子军一起攻下户县，占领周至，进而沿渭河西进，又拿下了武功、始平等县。三个月后，李三娘手下的娘子

军已经有了70000人。

617年，李渊主力渡过黄河，才知道女儿已在关中为他打下一大片地盘。李三娘挑选了10000多精兵与李世民会师渭河北岸，共同攻打长安。

会师后，柴绍终于和李三娘相见，从此，柴绍夫妇跟随李渊，南征北战，为大唐开国立下汗马功劳。

唐朝建立后，因为夫君柴绍是平阳人，所以，李三娘被李渊封为平阳公主。

这时，大唐虽然建立，但是，李渊只是大致控制了半个关中，他的四周都是敌人。为此，他派出平阳公主防守李家的大本营山西，驻扎在山西省平定县东北的绵山上。

山西是中原和关中地区的屏障，无山西则中原和关中不稳，而定县东北的绵山上便是出入山西的咽喉要道，平阳公主率军驻守在这里，目的就是为了防止敌人从这里进入山西。

平阳公主和她的娘子军驻守的这个关隘，原名为苇泽关，当娘子军到达这里后，又对这里进行了重建。因平阳公主率数万"娘子军"驻守于此，于是人们将此地重新命名为"娘子关"。

据说，平阳公主驻守在此地以后，雄关固若金汤，威慑敌人不敢跨越太行山一步。而山西的娘子关也因为有了平阳公主的娘子军的驻守而更加出名了。

娘子关城筑在绵山山腰，背依陡崖，下临峻谷，形势非常险要。

娘子关的重要性，同隔山相对的井陉关相似，在于控制太行第五井陉，但也有其独特性。滹沱河支流绵河从娘子关城西北流来，在关下穿过井陉，东流至河北平原中部。

井陉是晋中和冀中地区之间最便捷的通道，娘子关依山靠河，居于井陉西口，这种形势使它既成了三晋门户，又成为京畿藩屏，对保障山西和北京城的安全起着重要作用。

当然，在历史上，这座原名为苇泽关的关隘早就已经存在了，据说，它最早是战国时期中山国所建长城的关口之一，唐朝派娘子军驻守这里以后，又在此地设立了承天军戍守处，从767年至779年，平阳

公主又带领娘子军们在此地修建了"承天军城"。

到宋代时，宋代朝廷又在此地建"承天寨"。

不过，娘子关之名的最早文字记录却是在金朝末期的古籍中出现的，当时，著名诗人元好问在他的《游承天悬泉》诗句中写有"娘子关头更奇崛"之句。这是娘子关第一次出现在古籍中。

但尽管如此，在娘子关的附近，娘子关人始终以平阳公主为傲，并且，当地的人们也一直保留着许多与平阳公主有关的历史遗迹和动人传说。

这些动人的传说中，最著名的一个，当属"米汤退敌兵"。

据说，平阳公主率领娘子军驻扎娘子关之后，凭借天险，修筑工事，严密布防，不给敌人可乘之机。

有一次自称汉东王的刘黑闼率部大举进攻娘子关，平阳公主眼见敌人来势凶猛，一面向太原告急，一面开始指挥娘子军与居民严防死

守。由于娘子关内军队兵力不足，娘子关情况十分危险。

面对数倍于己的军队，平阳公主心急如焚，在城楼上焦急地踱着步子想着主意，同时极目远眺，等待援军到来。

忽然，她无意中看见远处田野上丰收在望的谷子，顿时急中生智，计上心来，于是，她下令城内军民立即收割、架锅、用新米熬

制米汤，米汤熬好后，平阳公主又令部众乘夜色从关上全部倒入关前沟壑中。

第二天，娘子关前沟壑中米汤横溢，敌人哨兵发现后，疑为马尿，急忙报告主帅。刘黑闼部的主帅出帐观望，只见城楼上旌旗招展，军民喊声震天，战鼓擂动，便错误地判断援兵已到，由于害怕中了埋伏，敌人最终不战而退。

当刘黑闼部得知此乃平阳公主的疑兵之计时，太原的援兵已到，他们只能望城兴叹了。

平阳公主的勇敢为她赢得了后人的尊敬和推崇。后来，人们为了纪念这位可敬的公主，便在娘子关城堡东门约300米处，修建了一座妒女祠。

不过，随着岁月的流逝，妒女祠早已经不复存在。但值得一提的是清代"扬州八怪"之一的金农，当年曾四处逍遥云游，来到娘子关的妒女祠，并为这座祠作了一首《平定道中》，诗写道：

雨后春流泻黛脂，李涅作颂托微辞。
行人饮马来偷见，一阵花飞妒女祠。

此外，在娘子关一带，除了这座妒女祠，还有另外一些和平阳公主以及她的娘子军相关的重要遗迹，这些遗迹包括宿将台、水帘洞和娘子关瀑布、石头水潭等。

娘子关瀑布也名飞泉，位于娘子关城堡东门附近约300米的妒女祠下，瀑布宽6.5米，落差40米。因临娘子关而得名。它是泽发水的源头，人称水帘洞，山坡谷中泉眼累累，形成悬泉。

娘子关遗迹上的石头水潭在娘子关后的大山上，是一个被人们称为"洗脸盆"的地方。

这个洗脸盆实际上是一个石头水潭，它位于光滑的青石板上，有一个直径10厘米、深30厘米的泉眼。石头水潭的泉水清澈，旱年不干涸，涝年不外溢，水位常年保持在小水潭的六分之五处。据说平阳公主当年常在这里洗脸梳头，所以后人称之为洗脸盆。

有人把泉眼里的水舀完后，清清的泉水又神奇地自然冒出，直至水满为止。

虽然很多人认为，娘子关这一名字的由来是和平阳公主的娘子军有关，但是，在娘子关附近，人们还有另一种说法，认为这座关隘的取名和春秋时晋国介子推的妹妹介山氏有关。

据说，在春秋时期，晋国发生内乱，晋献公之子重耳被迫出走。一次，重耳非常饿，他的随从介子推便把自己的肉割给重耳吃，使重耳活了下来。

后来，重耳终于成为晋国的国君。重耳想找介子推，好报答他。此时，介子推已经隐居到绵山。

重耳便来到绵山。但介子推只想在绵山上守护母亲，而不见重耳。重耳便下令烧山逼其出来。火灭后，重耳发现介子推和母亲已经死去。

重耳为了纪念介子推，便下令以后在这天全国禁烟以悼念这位忠臣孝子，我国寒食节就这样传了下来。

后来，介子推的妹妹介山氏认为，寒食节不准生火的习俗会殃及百姓。便在第二年的寒食节在绵山上用火自杀了。人们为了纪念介山氏，便把这里称为"娘子关"。

知识点滴

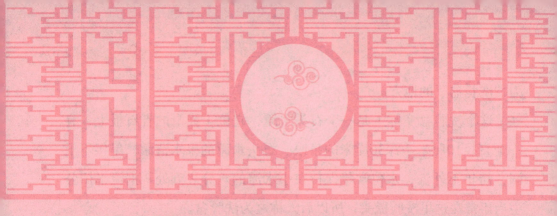

明嘉靖年间娘子关得以重建

历史上，著名的娘子关同其他关隘一样，也是屡毁屡建，最后一次重建是在明代的嘉靖年间。

当时，明朝的国都是北京城。此时，北方游牧民族骑兵屡入山西，时刻向东威胁着明朝京畿大门。这时，苦心经营的娘子关已不再是为了防东，而是为了防西，即防止敌人从山西经井陉侵入京畿。

为此，明代把宋朝命名的承天寨改为承天镇，并正式使用娘子关之名。

明嘉靖年间，明朝正是大力

修建"九边十三镇"防御体系时期，到1542年时，修筑大军正是修筑昌平镇防御的阶段，而娘子关城堡便也属于昌平镇管辖的内边防御之内，为此，在这一年，娘子关城堡便顺利地得以重建。

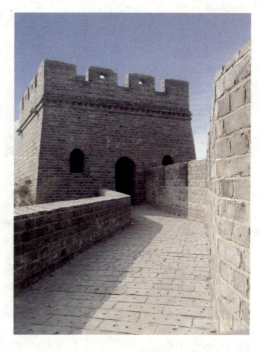

重建的娘子关城堡，背依高接云天的嵯峨绵山，面临洞壁如削的万丈深谷，桃河环绕其西北，曲折奔流。关隘依山傍水，居高临下，有"一夫当关，万夫莫开"的气势。

这座著名的娘子关城堡一直保存到后来，城堡有东、南关门两座以及长650米的城墙。

城堡的东城门是砖券城门，也就是门洞，又称外城门，雄伟坚固，门洞上方镌刻"直隶娘子关"五个大字。

东城门的上面有一个平台，是为检阅士兵、瞭望敌情而修建。后来，人们在平台上修起城楼。城楼蔚为壮观。站在城楼上，关外著名的燕赵古道，蜿蜒起伏，尽收眼底。

城堡的南城门，也称内城门，下面是砖券，上面是门楼，门楼复檐悬有"天下第九关"匾额。

整座南城门雄伟高大，气势壮观。城楼建于门洞之上。城门上的"宿将楼"依然巍然屹立，这便是平阳公主聚将御敌之所。在门洞上方，刻着"京畿藩屏"四个大字，显示着娘子关在战略防御上的重要

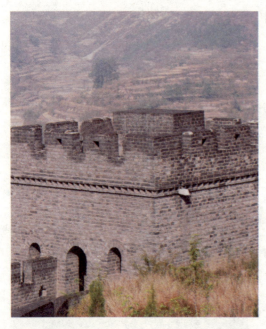

战略地位。

此外，关城内还有关帝庙、真武阁等古迹。街道、民宅仍保持着唐代风貌。居民多为明清时期的"军户"后裔。

在娘子关城堡的两翼，是雄伟的万里长城。这里的长城依山势蜿蜒，和娘子关浑然一体，甚是壮观。

当年，这座城堡修成后，明朝朝廷又专设守备力量，让娘子关易守难攻，使敌军不敢轻易向此处进犯，从而保卫了明京畿南部的一时安定。

另外，在娘子关，除了这座著名的城堡和城墙，在娘子关的关下，还有一个依山而建的娘子关村庄，村内村民顺水而居，房舍多为石头垒砌，每间房屋都有百年以上的历史。

在这个村落里，水网似的溪水沿着墙基穿房过户，村中的妇女在各自家门口洗衣洗菜。水从石槽流过，又淌进一个个阶梯式的圆形石臼，之后不知在什么地方消失了。

村里人打开院内井盖，弯下腰就能从里面拎起一桶荡着水花的水。有的村民在自家的院中修建小桥自娱自乐，让溪水沿着院子转。

在村里普通人家，随处可见这样情景：头顶上葡萄架，桥边石桌石凳，夜晚有流淌的水声相伴，观花赏月，世外桃源之感油然而生。

水给了村子灵气，形成了"人在水上走，水在屋下流"的人间美景。位于村东的葡萄院是最具代表性的水上人家之一，因院内种有一棵树龄超过70年的葡萄树而得名，苇泽关泉水从小院中流过。

每到盛夏，小院内上有浓浓的绿荫，下有清澈的泉水，再加上精制的石凳、假山、小桥，共同构成了一派宜人的江南水乡风光。

娘子关村中有24台大石磨，人们很远就能听到大石磨轰隆隆的响声。在河水的推动下，大石磨日夜不停地转动。周围十里八村的人都赶着牲口来村里磨米磨面。

同时，村中家家户户都有自制的水动石磨，加工粮食根本不用出户，更少了一份推碾转磨的辛苦。为了便于寻找，各家的大门上都刻有一号磨、二号磨……根据磨的编号寻找人，准能顺利找到。

穿过娘子关村的是一条古时称为"兴隆街"的明清古道。从古道那些依旧保持古风古韵的民居建筑和青石板路上的坑洼，仍能读出它

久远的历史。

精明的娘子关村人靠着24台大磨加工粮食，沿街开店设铺，迎接四面八方的客人。买卖人家的门楣写有"招财进宝""财源茂盛"等吉祥话。词句通俗易懂，透着一份朴实，这正是晋中生意人的特点。

居住在这里的村民大多数是商贾后代，也有守关将士的后代，故此留下了胡、杨、马等几个大姓。

其中，胡家的祖宅远非相邻的民居可比。它门楼宽大，护墙石块上雕有各种吉祥图案，门前的一对石狮非常气派。这所宅院没有山西有钱人家民宅那样的宽阔，但照壁、耳房、厢房等一应俱全，尤其是砖雕更加精美、细腻。

知识点滴

娘子关作为战略要地，只要华北有战事，就为兵家所必争。在日本帝国主义侵华战争时期，娘子关曾再度发挥了防守的作用。

1937年10月，日本侵略军占领了华北大片土地后，原来急想从平型关侵入山西占领太原，不料遭到八路军的沉重打击。

三年后，八路军进行了举世闻名的百团大战，娘子关也曾成为战场。当时，晋察冀军区派10个团兵力击破日军占领的正太线，破坏重点为娘子关至平定路段。八路军主力攻入娘子关，打击了日军的疯狂气焰。

新中国成立后，娘子关的军事意义退居其次，旅游价值开始突显。在当地人民政府及有关部门的关心和大力支持下，这座著名的军事要塞成为著名的旅游景点，给当地人民带来了丰厚的经济效益。

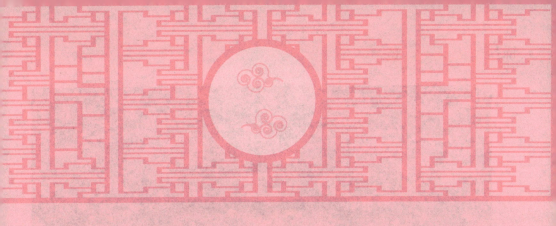

文人雅士为娘子关留下佳作

娘子关地处晋冀要路，这里历史悠久，古迹众多；上关旁太行苍莽，古关崔巍，绿水如带，飞瀑泻玉。

历代文人墨客至此，或伫立城头，看碧空闲云，听空山鸟语，凭吊烽烟历尽的古战场；或步入峡谷，嬉戏碧波，赏玩悬瀑，领略大自然的无限魅力。

娘子关秀丽的山水融雄浑的北疆风光与清秀的南国水韵为一体，激发了那些前来游览的雅士的创作灵感。于是，一篇篇千古华章就此而生。

首先，为娘子关留下佳作的是宋代的文学家李俊民，在他的《庄靖集》里曾经收了一首写娘子关瀑布的诗，诗名为《水帘洞》。诗中写道：

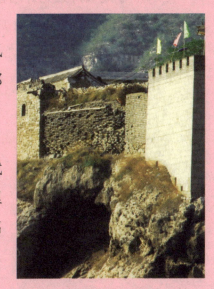

倾倒蛟室泻琼瑰，派落空岩雪浪催。

卷地风姨收不住，素娥垂下玉钩来。

在文人笔下，娘子关瀑布更有韵味，它仿佛是倒悬于悬崖绝壁上，仿佛是素娥不小心垂下的玉钩。

之后，金代大诗人元好问在晚年游览娘子关时，也特别写下了一首赞美水帘洞瀑布的长诗《游天悬泉》。诗中写道：

诗人爱山爱澈骨，十月重来犯冰雪。

悬流百里行不前，但觉飞湍醒毛发。

闲闲老仙仙去久，石壁姓名苔藓滑。

此翁可是六一翁，四十三年如电抹。

并州之山水所洑，骇浪几轰山石裂。

只知晋阳城西天下稀，娘子关头更奇崛。

在这首《游天悬泉》长诗里，作为一个"六一翁"，元好问极力歌颂了娘子关水帘洞瀑布的声势浩大，他感到并州之山为水所狄，奔流而下的瀑布似乎可以轰裂山石。

当然，娘子关之美，不仅仅在娘子关的瀑布，娘子关关隘本身也是一道亮丽的风景。为此，明朝著名文学家、史学家王世贞为这座关隘写了一首诗名为《娘子关》的诗。诗中写道：

夫人城北走降氏，娘子关前高义旗。
今日关头成独笑，可无巾帼赠男儿。

平阳公主与娘子关连接是紧密的，她驻守娘子关期间表现的勇敢为她赢得了后人的尊敬和推崇。

作为史学家，王世贞看到娘子关，自然就联想到娘子关历史上那位赫赫有名的平阳公主。在诗中，王世贞表达了对平阳公主的敬意，并发出古关虽在，巾帼已无的感慨。

到了清代，著名官员王祖庚游览过娘子关之后，也为这座关隘写下了一首《娘子关》。诗中这样写道：

娘子军容讲武台，雄关嵘巇倚山隈。

城临苇泽湍流急，寨望承天曙色开。

寻到源头飞瀑雨，坐来树底绝尘埃。

圣朝休养干戈息，郑国渠边沃草莱。

王祖庚是一个爱民如子的清官，王祖庚看气势磅礴的娘子关瀑布，首想到的是灌溉，想到的是养干戈息，人民幸福。

悠悠娘子关，有写不尽的诗。这些作品，不仅可作为了解娘子关历史的参考资料，还可为观赏娘子关大好风光的游客增添雅兴。

知识点滴

话说，为娘子关写诗的王世贞生活在一个动荡的年代。一次偶然的机会，王世贞应邀到娘子关游览，拜谒了妒女神祠。

同时，他还读了唐大历年间，由上柱国、游击将军李諲撰写的《妒女颂并序》碑文，读完后，王世贞觉得妒女是一位超凡脱俗的人间美神。

后来，王世贞又联想到金代文学家元好问的《游承天悬泉》诗中"风雨不忧惊妒女"等名句，他伫立娘子关城头，看到内忧外患的大明王朝，思绪万千。期盼出现一个像妒女一样的人来，一改社会之沉闷，于是偶感而发，用史学家的眼光写下了《娘子关》这首诗。

雁门关

　　在我国山西忻州代县县城以北约20千米处，有一座海拔约1千米的山峰，横亘在雁北高原与南屏忻定盆地之间。相传古时因有一只神雁落于此山，因而得名雁门山。

　　峻拔的雁门山上，内长城蜿蜒于山巅之间，犹如玉带联珠，将雁门山、馒头山、草垛山联成一体。长城东走平型关、紫荆关、倒马关，直抵幽燕，连接瀚海；西去轩岗口、宁武关、偏头关，直至黄河边。

　　雁门雄关，"天下九塞"属第一，从战国时期开始，这里就是战略要地。从唐代开始，人们将它称为"雁门关"。

赵王为建长城而始建勾注塞

公元前7世纪前后，正是我国历史上的春秋战国时代，在这个时期，我们国家形成了很多了个诸侯国，其中，以楚国、齐国、中山国、魏国、韩国、秦国、燕国和赵国等最为著名。

在这一时期，各个诸侯国为了防止自己国界周围的诸侯国的入侵，便开始在自己的诸侯国边界修建起了保卫自己国家的长城。

公元前333年，赵国的君

主赵肃侯命人以赵国南部、魏国北部的漳水、滏水的堤防为基础，筑建起了第一段赵国长城，以防御周围的魏国和齐国的攻击。

这条长城建成30多年后，赵肃的儿子赵武灵王为了防御位于赵国北面的胡人和匈奴，又命人在内蒙古云中、雁门、代郡一带修筑了赵国的第二座长城。

为了巩固这第二座长城的防御力量，在修建这座长城时，赵武灵王又专门命人在雁门山一带修建了一座防御关塞，并因山而名为"勾注塞"。而这座著名的关隘便是最早的长城关隘雁门关。

不过，虽然这座关隘是在赵武灵王时期始建的，但是，雁门山这个地方却在很早以前就存在了。

据说，雁门山在古代被称为勾注山、勾注陉、陉岭，或称西陉、西隃。我国古籍《穆天子传》卷一道："甲午，天子西征，乃绝隃之关登。"

这时雁门山被称作"西隃"之名，第一次出现在古籍中。

后来，西晋文学家郭璞曾经加注："登，阪也。疑此谓北陵西隃。隃，雁门山也。"《尔雅》上也说："北陵西隃，雁门是也。"

这些古籍上的资料证明，雁门山最初的名字是叫"西隃"的。

勾注山是北岳恒山其中一支，横亘100余千米。《山西通志》记载：

> 山西起分水岭，得漯水源，为宁武之天池；东讫平刑关，连枚回岭，及浑源之恒岳，横亘二百余里，介滹沱、桑乾两川之间。
>
> 关道北出，通大、朔、宁三府地。古曰西隃，亦曰西陉，又曰陉岭。

雁门山又是勾注山的其中之一段，当时勾注山名气大，所以笼统地称为勾注山。

战国时，因此处地势险要，塞外又是戎狄之区，也就是林胡、楼烦、襜褴等民族所居之地，所以赵国便在这里"筑城守道谓之塞。"

后来，在《吕氏春秋·有始览》中曰："何谓九塞？太汾、冥阸、荆阮、方城、殽、井陉、令疵、勾注、居庸。"

而这里的"勾注"便是后来雁门关的关隘。这座关隘位于山西代州古城北20千米处，北岳恒山主峰雁门山中。

雁门山因两山东西对峙，其形如门，飞雁出于其间而得名。勾注塞高踞雁门山上，切断了塞北高原通向华北的一条重要通道。

它的东面连接紫荆关和倒马关，西面连接宁武关和偏关，均为后来的万里长城上的重要关隘。

当年，赵国命人修成这座关隘以后，又在此地设置了雁门郡，并命赵国名将李牧常驻此地以防匈奴的进攻。

历史上，李牧是与白起、廉颇、王翦并称战国四大名将，《千字文》上就有"起翦颇牧，用军最精。宣威沙漠，驰誉丹青"的说法。

在雁门关一带，一直流传着关于李牧的传说。据说，李牧小时候

家境贫寒，父亲早丧，与母亲相依为命。十几岁就每日上山砍柴，母亲为他人帮工做针线，母子二人过着凄惨的日子。

成年后，李牧的母亲去世，李牧偶然得到了一把宝剑，便决定把宝剑献给赵王。

可是，当李牧带着宝剑见到赵王时，宝剑却又变成了一条青龙飞走了。

赵王激动万分对满朝文武大臣说："这是宝剑荐英才，李牧你就是我的宝剑，当今雁门郡外，匈奴经常犯我边境，命你为大将军去抵御匈奴去吧。"就这样，李牧就被派到雁门郡，驻守着赵国北大门。

李牧来到雁门后，励精图治，一改以前和匈奴交战的方法：

以便宜置吏，市租皆输入幕府，为士卒费。日击数牛飨士，习射骑，谨烽火，多间谍，厚遇战士。为约曰："匈奴

即入盗。急入收保，有敢捕虏者斩。"匈奴每入，烽火谨，
辄入收保，不敢战。如是数岁，亦不亡失。

这段话是《李牧传》里的记载，大致意思是这样：李牧有权根据
实际需要任命官吏，城市的税收都送进将军幕府中，作为士兵的费
用。他下令每天杀几头牛犒劳士兵，教士兵射箭、骑马。谨慎地把守
烽火台，多派侦察人员，优待战士。

制定规章说："匈奴如果侵入边境来抢掠，应立即进入营垒坚
守，有胆敢擅自捕捉俘虏的处斩刑。"

这样一来，匈奴每次入侵，烽火台就严谨地举烽火报警，战士们
随即进入营垒防守，不敢应战。这样过了好几年，也没有什么伤亡和
损失。

李牧这样的做法当然让人很怀疑。匈奴认为，李牧弱不禁风，所

以很是耀武扬威，而李牧自己的属下呢，更是觉得李牧窝囊，便瞧不起他。

这时，赵国国王换成了赵惠文王，赵惠文王知道了李牧的事情后，便让李牧赶紧出战，但李牧不听，依然如故，愤怒的赵王罢了李牧的官，并找别人代替李牧。李牧只好回家去了。

但是，赵王换将的结果总是打败仗，同时证明李牧的战略是无比的正确。

赵王一看不行，只好重新请李牧出山，而这时的李牧和赵王讲开了条件："复请李牧，牧杜门不出，固称疾。赵王乃复强起使将兵，牧道：'王必用臣，臣如前，乃敢奉令。'王许之。"

李牧如约出山，继续来到雁门做守将，还是坚持原来的战略思想，"李牧至，如故约。匈奴数岁无所得，终以为怯。"

又过了几年，士兵们每日在雁门郡操练，而且又得到了很多赏赐，所以士气高昂，皆欲死战，李牧看到形势向有利方向转化，于是选了1000多辆马车，近万匹快马，以及数十万的士兵，并亲自领兵进入匈奴的地盘，将匈奴打败。

之后，李牧又带领大军灭襜褴，破东胡，降林胡，单于奔走，其后十多年，匈奴再也不敢靠近赵国边城。

后来，勾注塞附近的人为了纪念李牧对此关隘的守护，人们在此关隘的附近，建成了李牧祠。

这座李牧祠一直保存到后来，位于关城天险门外东侧，亦称武安君祠、靖边祠、镇边祠。

祠宇建筑规模宏大，山门前有石砌平台，上竖石制旗杆一副，配设石狮一对。正中左右各筑踏朵台阶，并配以石雕石栏柱石栏板。

山门两旁建有钟鼓二楼，祠院分前后两时，前院两侧为厢房，正面过殿供奉李牧塑像，背面供有韦陀像。过殿两侧留过道，设东西库房。后院正殿为大雄宝殿，供有一佛二菩萨。

正殿左为方丈，右为祖师堂，东西配房为师房。在主殿东边，顺台阶而下有窑屋多孔，名"九窑十八洞"，石基砖券曾为兵堡。当年，自从李牧在雁门郡命兵操练，并打败匈奴、襜褴等军以后，勾注塞便成为历代王朝的作战要地。

不过，勾注塞正式被称为雁门关却是在唐朝初年，当时，因北方

突厥崛起，屡有内犯，唐驻军于雁门山，于制高点铁裹门设关城，戍卒防守。古籍《唐书·地理志》中描述这里：

> 东西山岩峭拔，中有路，盘旋崎岖，绝顶置关，谓立西
> 径关，亦曰雁门关。

这是勾注塞第一次被人们称为"雁门关"。

后来，五代十国、宋、辽、金、元等朝代在雁门关设置关城约四百余载，到元朝时，还设又千户所，不过，到元朝末年以后，雁门关的关城被毁掉，不复存在了。

知识点滴

在历史上，雁门关一直是中原抵御北方游牧民族南下的前线要塞，许多名将在这里建立了不朽的功业。

除了赵国的李牧在这里大破匈奴之外，汉朝名将卫青、霍去病、李广等都曾驰骋在雁门古塞内外，多次大败匈奴，立下汗马功劳。

"猿臂将军"李广在做代郡、雁门、云中太守时，先后与匈奴交战数十次，被匈奴称为"飞将军"。

一次，他出雁门，兵败被俘。在敌军两马之间的网兜里，他表面伴死躺下，心里却在等待机会。突然，他腾跃而起，将一胡兵推下马去，立即夺马取弓策马南驰数十里，复收余军，杀退追兵，安全脱险。

正是由于汉武帝时期创建了强悍的骑兵抵住了匈奴的南犯，才得以使中原的经济、文化获得了持续的发展，保卫了大汉江山。

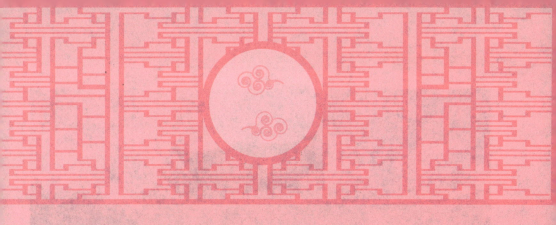

明朝时为防敌重建雁门关

　　1368年，明太祖朱元璋平定天下，建立了明朝，但是，元朝的残余势力仍有很多，他们时刻想着重新建立元朝。

　　当时，元将扩廓帖木儿拥兵数十万屯驻山西，李思齐、张思道等盘踞陕西等地，辽阳、云南等地都有元朝势力，但实力最强的当然是山西扩廓帖木儿，明廷亦视其为头号劲敌。

　　为此，位于山西门户的雁门关的防御便又变得非常重要起来。

　　这时，雁门关由于种种原因已经破败不堪，为此，在1369年，朱元璋便命人在雁门关的原址上，分别在西陉

修缮旧建筑，在其北口构筑城堡、望楼、烽火台、墙障等，而在东陉则筑路修垣，大建关城。

关于这段历史，在《明·兵志》上有非常清楚的记载：

> 洪武二年，命大将军徐达等筹备山西、北平边。又诏山西都卫于雁门关、太和岭口并武、朔诸山谷凡七十三隘俱备戍兵。

由此可见，在洪武初年时，明朝对雁门关的防守是相当重视的。

到了1372年，明朝在山西代州设"振武卫"，明代大致5600人称卫，当时一郡设所，连郡设卫，而且在各地要害之处设置卫所，并在雁门关设千户所。

两年后，朱元璋继续命代州的吉安侯将雁门关的关城北移数里，重新建立关城。这段历史，在我国古籍《代州志》中记载：

> 关城洪武七年筑，周二里有奇。关外大石墙三道，小石墙二十五道。

在明代，自从朱元璋几次下令重建雁门关以后，明代后来的几位皇帝在位期间一直没有停止对明长城和各个关隘的修建，当然，雁门关也在修建之内。

据史书上记载，雁门关最后一次修护是在1605年，经过这次修护以后，雁门关才终于形成了后来的规模。

这座著名的雁门关由关城、瓮城、东城和西城，以及围城等几部分组成。

其中，关城城墙高10米，周长约1千米。墙体以石座为底，内填夯

土，外包砖身，墙垣上筑有垛口。

关城的东西北三面开辟了城门。门洞用砖石叠砌，青石板铺路，门额位置上均镶嵌了石匾。

关城东门又称天险门，石座砖券，额匾篆体书刻"天险"两字。墙垣设垛口，门洞板一道，青石板铺路。天险门上建有"雁门楼"，坐西朝东，面阔五间，进深四间，四周有走廊。

建筑为重檐歇山顶，正面明间为隔门，两顶间为砖砌墙，背面除两圆形窗户外，其余用砖砌成。平板枋上施以斗拱，有昂有翘，屋顶交以青灰瓦，正脊两端安大吻，四角悬挂风铃。楼内空畅，供兵丁巡察、瞭望。

关城西门又称地利门，石座砖身，门匾上刻篆体字"地利"两字。此门坐向南北，所建门楼为"杨六郎祠"，两侧塑孟良、焦赞像，供设杨六郎铁刀一把，城楼上供设大炮两门。雁门关的瓮城位于关城北侧地利门外，城高及关城之半，设有暗门。

瓮城门俗称小北门，石券门顶，额匾书刻"雁门关"三个大字。两侧的镶嵌砖上还镌刻这一副对联：

> 三边冲要无双地；
> 九塞尊崇第一关。

这些字一砖一字，相传为朱衣道人傅山先生所书。城门上有楼，砖木结构，谓瓮城门楼。不过，随着时间的推移，关城的东西门楼都已经被毁，北门也坍塌成了一处豁口。

雁门关的东城位于关城城郭内古关道东侧制高点，明洪武时兴建，正德年间翻修。东城为大砖城，据《雁门关地理总考》中记载：

> 周围二里三百五十步，据山，无壕堑，垛口六百。东西

城门二，曰雁门，曰雁塞。

东城南部与关城天险门延伸城墙连为一体，西与关城地利门延伸城墙连为一体，北顺山脊至谷底与围城关门宁边楼连为一体，筑有营房、马厩，为守关屯兵之所。

雁门关的西城位于关城城郭内古关道西侧高台，跟东城同时兴建并重，为石城。据《雁门关地理总考》中记载：

石城高一丈五，周围二里三百四十余九步，垛口五百，城门一。城内为千户所，仓场一，草场一。

西城的南部顺山脊延伸到西城制高点，与兵堡连为一体，北折至西城角楼、天险门城墙，东经角楼到地利门与城墙连为一体，城内设营盘，为守关将士操练防御之所。

西城与东城中有城墙间隔，城墙南角和北角各配建角楼一座，正中建有城门和城门楼一座。城顶建威远楼一座，俗称"雁月楼"，为明嘉靖年间建筑。西城门外东侧设校场，校场设点将台。

雁门关围城随山势而建周长约为5千米。城墙的南端分别与关城的东西两翼相连，向北则沿着山脊延伸到谷底合围，合围处建有城门。城门坐南向北，上筑有宁边楼，俗称明月楼，为明代嘉靖年间所建。

围城以外还筑有三道大石墙和25道小石墙，起到屏障的作用，为守关御敌第一道防线。

雁门关两侧群峰挺拔，山势陡峭，中间夹一小路盘旋曲折，穿城而过。关城正北的山冈上有明清驻军的营房旧址，东南有练兵的校场。西门外有关帝庙。东门外有祭祀战国名将李牧的靖边祠。

关城以西是明代洪武年间第一次修建的雁门关关城，这座旧关城俗称为铁裹门。

旧关城位于勾注山顶铁裹门外。铁裹门因石峡呈黑褐色而得名，为人工开凿关隘。关口呈"V"字形，顶宽30米，底宽3米，谷深200米，长50米。所建关城形势险要，壁垒森严，东西宽约20米，南北长约200米。

不过，由于修建时代的久远，到后来，这座旧关城上，仅存周围墙基，南有屋基四处，北有烽火台一座。

在历史上，自铁裹门设关后，"勾注塞"之名便正式由"雁门关"之名取代。铁裹门和关城两关之间用石砌长城相连，并建造了敌楼、烽火台等，形成一组完整的防御体系。

在铁裹门附近，还有一段明代建造的白草口长城，是后来保存最好的长城段之一，该段长城全长约5千米，墙高6至8米，底宽5米，顶宽3米。每隔120米左右，便建烽火台和敌楼各一座，在险要的地段，还设置了堡寨、壕沟和暗门等。它的东西两端向北延伸后，最终与外长城相连。

除此之外，在雁门关的关城周围和山下还有古关道、隘口、常胜堡、西陉寨、雁门渠、新广武城、旧广武城等60多处明代遗址和遗迹，这些也都是雁门关防御体系的重要组成部分。

其中，古关道亦为勾注塞古道，全长30多千米。南起太和岭口，经富拉沟、城上、石墙沟、吴家窑、黑石关沟，越制高点铁裹门，下赵庄到白草口，再出柳林、油房为止。

这条古盘关道一直保存，铺石成路，百步九折，左右峭壁如削。有古诗称赞它：

遥望雁门关，山高不可攀。
鸟飞青嶂低，人在白云间。
虎豹千群壮，貔貅万灶闲。
中原如此险，保障独惭颜。

隘口即是古雁门关北口，俗称白草口，是雁门十八隘之一。一隘两堡，南为太和堡，北为常胜堡，中隔连绵山脉。据说，春秋战国

时，白草口为南北要冲，沿雁门古关道，过往商旅不断。

隘关跨河而建，设三道隘墙，六座隘门，六座堡台，东西与长城连为一体。

随着时代的变迁，这隘口到后来仅存隘门一座，额匾上书刻着"容民畜众"，堡台一座，额匾书刻"猴岭"。

雁门关附近的常胜堡位于白草口隘关西高地，为古西陉镇旧址。南接雁门关古道，与太和堡遥相呼应，北望关外漠原，与旧广武古城对垒。周长500多米，石基砖砌围墙，东北隅建有武庙，堡门额匾书刻"常胜堡"三字。上款竖书"万历甲寅都御史吴仁庆"，下款为"布政使阎士选立"。

雁门关西陉寨位于太和岭口北城顶上，因太和岭口曾名神仙隘，故又叫神仙横城，是山西代州著名三寨之一，立于北宋时期，为隘口军事戍守屯兵之地。

雁门渠位于勾注古道东侧，古广武城北面。据说《寰宇记》引《图经》中云：

魏牵招为郡守，凿源为渠，注水城内，民赖其益。

也就是说，在北魏时期，雁门关城内井水咸苦，居民汲水往返需要3.5千米左右，于是，人们便牵招开渠引北山水进入城内。

这雁门渠是古代州著名水利工程之一，不过，随着历史的变迁，这座河渠早已经失去了它原本的作用，仅存一条河渠遗址。

历史上，自雁门关修成以后，它便与宁武关、偏头关为我国万里长城内长城的"外三关"，这里峰峦叠嶂、山崖陡峭，关墙雉谍密集，烽猴遥相呼应，东西两面将老营口坷申池口、阳方口、东隆口、西烃口、匕楼口。大石口、石口、马兰口、茹越口、胡峪口等十八隘口连为一体，地势十分险要，为千古兵家征战之地。

为此，雁门关是珍贵的古代军事文化遗迹，为我国的古代物质文化增添了风采。

知识点滴

关于雁门关旁白草口的来历，据说还和一个动人的历史故事有关。

相传，在北宋时，朝廷以奸臣潘仁美为帅，北宋名将杨继业为先锋镇守北地，三军来到雁门关安营扎寨。潘仁美让杨继业到关口外驻扎，关口也就是后来的白草口。

当时，这道关口并无名称，潘仁美想羊怕吃败草，就把这里叫败草口好了，试图把杨继业困死关外。

后来，杨继业遭潘仁美陷害。老百姓为了纪念杨家报国忠心，憎恨潘仁美之奸，便将败草口改为白草口，因为羊怕吃败草却喜吃白草。

嘉峪关

　　嘉峪关位于甘肃嘉峪关市向西5千米处，是明长城西端的第一个重要关口，也是古代丝绸之路的交通要冲。

　　嘉峪关始建于明洪武五年，即1372年，先后经过168年时间的修建，成为万里长城沿线最为壮观的关城。嘉峪关关城，位于嘉峪关最狭窄的山谷中部，地势最高的嘉峪山上，城关两翼的城墙横穿沙漠戈壁。

　　嘉峪关以地势险要，巍峨壮观著称于世。它与万里之外的"天下第一关"——山海关遥相呼应，闻名天下。

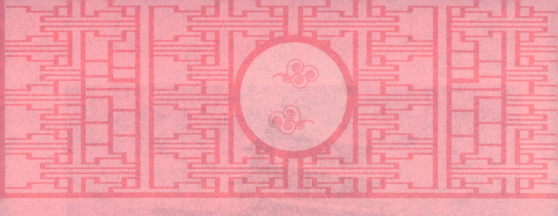

明朝用百年时间建成嘉峪关

　　明朝初年，河西地区还在元朝残军的手里，为了收复这片土地，明太祖朱元璋任命手下大将冯胜为征虏将军，率兵三路前往河西。

　　不久，冯胜带领部队大获全胜，为了加强河西地区的军事防御，

一次，冯胜和其随从从甘肃酒泉骑马向西2千米，涉水过"九眼泉"登上古代"丝绸之路"的交通要道嘉峪塬。

登上嘉峪塬，冯胜将军向四周一看，见南面贺兰山斜刺长空，西面戈壁如海，北面黑山威严，东面清泉绿洲，而嘉峪塬仿佛河西走廊这条连通东西的大河的中流砥柱。

于是，冯胜将军暗下决心，想要在此建立一道重要的关隘。

回到京城以后，征虏将军冯胜立即入宫，上奏明太祖，称嘉峪塬"此咽喉要地，令关踞其中，当固若金汤"。

朱元璋很信任冯胜，立即派人去嘉峪塬修筑关城，以控制西去的交通要道。这座关城于1372年建成，朱元璋亲自以此关旁的山命名为嘉峪关。

据史书记载，嘉峪关"初有水而后置关，有关而后建楼，有楼而后筑长城，长城筑而后关可守也"。

历史上，嘉峪关从建关到成为坚固的防御工程，经历了160多年的时间，共有四次大规模的扩建。

首先，在1372年第一次筑成土城，周长约733米，高约6.7米，就是后来的内城夯筑部分，当时只是有关无楼。

到1495年，肃州兵备道李端澄主持在西罗城嘉峪关正门项修建嘉峪关关楼，也就是说，嘉峪关关楼是关城建成100多年之后方修建的。关于这件事，在史书上记载说："李端澄构大楼以壮观，望之四达"。

又过了11年，也就是1506年，李端澄又按照先年所建关的样式、规格修建了内城光化楼和柔远楼，同时，还修建了官厅、仓库等附属建筑物。

经过这次修建，嘉峪关的城楼虽然修好了，却依然是孤城一座，河西边境的番兵在而后的十几年里两度围困攻破嘉峪关，或是干脆绕过它去劫掠附近地区。这让嘉峪关附近的人们很是烦恼。

1539年，兵部尚书翟銮巡视西北，看到"孤苦伶仃"的嘉峪关，认为这里必须加强防务，便上书皇帝恳请加固嘉峪关的关城修缮边墙，于是，嘉峪关便有了明代时期的最后一次扩建。

之后，嘉庆帝命人大兴土木加固关城，在关城上增修敌楼、角楼等，并在关南关北修筑两翼长城和烽火台等。

至此，一座规模浩大，建筑宏伟的古雄关挺立在戈壁岩岗之上。这座古老的关隘一直保存到后来，整座关城布局合理，建筑得法。关城有三重城郭，多道防线，城内有城，城外有壕，形成重城并守之势。

嘉峪关关城由内城、瓮城、罗城、城壕及三座三层三檐歇山顶式高台楼阁建筑和城壕、长城峰台等组成的。

内城是关城的主体和中心，其周长640米，面积2.5万平方米。墙高9米，加垛墙1.7米，总高10.7米。6米以下为黄土夯筑，6米以上用土坯加筑。历经600多年，墙体虽有剥落，但大部分仍然完整牢固。

据说，当年修筑这座城墙用的黄土，都是经过认真筛选和加工制作的，首先将选好的黄土放在青石板上，让烈日烤晒，将草籽晒死。

在后来的嘉峪北段长城下出土的"长城工牌"，它上面详细记载

了当时修长城和修筑内城城墙的分工情况。

上面清楚地记载着，修筑工程结束后，人们要进行严格的验收：在距城墙一定距离内，用箭射墙，如果箭头射不进去，证明城墙坚固合格；如若箭头射入墙体，则证明工程不合格，要进行返工重建。如此严格的长城工程管理制度，保证了长城和内城城墙工程的质量。

内城开东西两门。其中，内城东门也称光化门，门额上刻"光化门"三字，面向东方，表示旭日东升，瑞气普照大地。门洞由自黑山开采的石条铺成。

在光化门的城楼上，便是由时任肃州兵备副宪李端澄主持修建的光化楼。

"光化楼"为三层三檐歇山顶式结构，楼高17米。精雕细刻，五彩装成。楼阁第一层为砖木结构，第二三层是木结构榫卯咬合而成。虽然经历了近500年的风风雨雨及地震等自然灾害，但它仍巍然屹立于关城之上，尽显是国古代建筑艺术的高超和精妙。

内城西门也称柔远门，门额刻"柔远"两字，意思是明王朝对边

陲各游牧民族实行"怀柔"政策，安抚边远地区，以实现长治久安的治国方略。

在内城东西二门外，还有瓮城回护，面积各有500余平方米，布局森严。

东瓮城门楼眉额刻"朝宗"两字，表示过往的朝廷官员虽远行"极边"，但仍不忘朝廷和君王。与此相对的"西瓮城"，门额刻"会极"两字，意思是从西域来的诸侯、仕官、商旅，亲善友好地在这里相会，从这里经过，向中原王朝朝贡。

西瓮城也劈门南向，不与内城门直通，使关城更加肃穆幽深，成为内城的一道防线。

除了东西瓮城，在内城西门外，还有当年由肃州兵备道李端澄主持修建的罗城。

"罗城"是应敌的正面，"凸"字形城墙全部用砖包砌，非常坚固。罗城城墙正中面西设关门，门楣上题"嘉峪关"三字，上面建有

嘉峪关楼。

"罗城"南北两端建有"箭楼",是观望关西、关南、关北烽火的设施。

罗城两端与外城墙相接,外城墙又与关城南北的长城相连。

在嘉峪关的内城墙上,还建有箭楼、敌楼、角楼、阁楼、闸门楼共14座,关城内建有游击将军府、井亭、文昌阁,东门外建有关帝庙、牌楼、戏楼等。

其中,角楼建在内城的四角,也叫"戍楼",形如碉堡,是守城士兵值勤放哨的地方。南北城墙建有敌楼,是放置兵器的地方。一层三间式带前廊。两门内北侧有马道直达城顶,由于时代的变迁,这条马道已经不复存在。

站在角楼上回望,"光化楼""柔远楼"及"嘉峪关楼"三座高大建筑,同在一条中轴线上。这种"过洞式城门"及高台楼阁建筑形式,是我国几千年建筑历史及建筑形式的延续发展。

关城内西面城垣凸出,中间开门。这里原有城楼,与东西二楼形制相同,三楼东西成一线,西有砖砌罗城,东、南、北三面土筑围墙,连接长城。由此形成城外有城,重关重城,成并守之势。

据说,当年,明代将士们建关时,匠师计算用料十分精确,竣工只剩一砖。

那是明正德年间的事了，当时有一位名叫易开占的修关工匠，精通九九算法，所有建筑，只要经他计算，用工用料十分准确和节省。

监督修关的监事官不信，要他计算嘉峪关用砖数量，易开占经过详细计算后说："需要九万九千九百九十九块砖。"

监事官依言发砖，并说："如果多出一块或少一块，都要砍掉你的头，罚众工匠劳役三年。"

竣工后，只剩下一块砖，放置在西瓮城门楼后檐台上。监事官发觉后大喜，正想借此克扣易开占和众工匠的工钱。

哪知易开占不慌不忙地说："那块砖是神仙所放，是定城砖，如果搬动，城楼便会塌掉。"

监事官一听，不敢再追究。从此，这块砖就一直放在原地，谁也不敢搬动。直到后来，此砖仍一直保留在嘉峪关西瓮城门楼的后楼台

上，供人观摩。

当年，在修建嘉峪关城时，需要成千上万块长2米、宽0.5米、厚0.3米的石条，工匠们在黑山将石条凿好后，却人抬不起，车拉不动，且山高路远，无法运输。

大伙儿边凿石条边发愁，眼看隆冬季节就要到了，石条还没有从山里运出一块，若要耽误工期，没有工钱是小，这脑袋可就难保了。

大家正在长吁短叹，这时，忽然山顶一声闷雷，从白云中飘下一幅锦绸，众工匠赶紧接住，只见上面若隐若现有几行字，大家看后恍然大悟，按其行事。

等到冬季到来后，众人从山上往关城修一条路，在路面上泼水，让其结成一条冰道。

然后把石条放在冰道上滑行运输，结果非常顺利地把石条运到了嘉峪关城下，不但没有延误工期，反而节省了不少工期。

众工匠为了感谢上苍的护佑，在关城附近修建庙宇，供奉神位，并成为工匠出师后必须参拜的地方。

嘉峪关关城依山傍水，扼守南北宽约15千米的峡谷地带，该峡谷南部的讨赖河谷，又构成关防的天然屏障。

当年，是这座关隘修成后，再修建的附近的长城，为此，这座古老的关隘，是明代万里长城的西端起点。

嘉峪关是明代长城沿线建造规模最为壮观，保存程度最为完好的一座古代军事城堡，是明朝及其后期各代长城沿线的重要军事要塞，素有"中外钜防""河西第一隘口"之称。

据说，当时修嘉峪关关城所用的砖，都是在2千米以外的地方烧制而成的。

砖烧好后，用牛车拉到关城之下，再用人工往上背。由于城高，唯一能上下的马道坡度大，上下很困难。

尽管派了许多人往城墙上背砖，个个累得要死，但背上去的砖却仍然供不应求，工程进展受到了严重影响。

有一天，一个放羊的孩子来到这里放羊玩耍。他看到这个情景后，灵机一动，解下腰带，有腰带的两头各捆上一块砖，搭在山羊身上。

然后，用手拍一下羊背，身子轻巧的山羊，驮着砖一溜小跑就爬上了城墙。

人们看了又惊又喜，纷纷仿效，大量的砖头很快就运上了城墙。

知识点滴

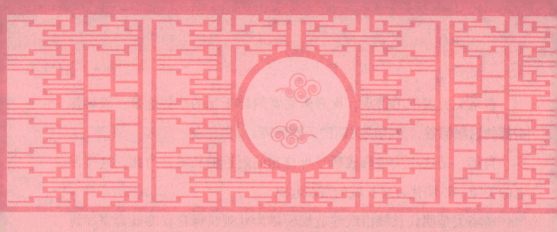

民族英雄林则徐留诗古关隘

　　嘉峪关自从正式建关之后，风风雨雨过了几百年，它像一队威武雄壮的战士，屹立在两山之间、伸出双臂，牢牢地守卫着丝绸之路的咽喉要道。

　　因为这道关隘是明长城西端的起点，又是明代最雄伟的长城关隘，为此，自从它修成以后，便引来了众多名人为它吟诗、作赋，名

扬一时。

其中，第一位为这座古老的关隘作诗的名人是清代民族英雄林则徐。

林则徐生于1785年，福建侯官人，自幼聪明好学。1811年，林则徐会试中选，赐进士，选翰林院庶吉士，开始进入了官场。

1838年，林则徐受命为钦差大臣，前往广东禁烟，并节制广东水师，查办海口。

1839年，林则徐在虎门海滩上当众销毁鸦片近20000箱，约118万余千克。

1842年，由于种种原因，林则徐被贬职。被贬新疆的林则徐经过嘉峪关。当林则徐乘坐的马车吱吱呀呀刚出关口，厚重的城门就在他身后砰然关闭。

林则徐沿着戈壁荒滩向新疆伊犁默默地行进。此时，心情沉重的林则徐看到此情此景，写下了《出嘉峪关感赋》四首。

第一首为：

严关百尺界天西，万里征人驻马蹄。
飞阁遥连秦树直，缭垣斜压陇云低。
天山嶻削摩肩立，瀚海苍茫入望迷。
谁道崤函千古险，回看只见一丸泥。

第二首为：

> 东西尉侯往来通，博望星槎笑凿空。
> 塞下传笳歌敕勒，楼头倚剑接崆峒。
> 长城饮马寒宵月，古戍盘雕大漠风。
> 除是卢龙山海险，东南谁比此关雄！

第三首为：

> 敦煌旧塞委荒烟，今日阳关古酒泉。
> 不比鸿沟分汉地，全收雁碛入尧天。
> 威宣贰负陈尸后，疆拓匈奴断臂前。
> 西域若非神武定，何时此地罢防边。

第四首为：

> 一骑才过即闭关，中原回首泪痕潸。
> 弃繻人去谁能识，投笔功成老亦还。
> 夺得胭脂颜色淡，唱残杨柳鬓毛斑。
> 我来别有征途感，不为衰龄盼赐环。

林则徐怀着对祖国美好河山的无限热爱，淋漓尽致地描述了嘉峪关的雄姿。

《出嘉峪关感赋》四首，其中以第三首最为传神，运用的典故也最多。但却不感晦涩拗口。楚汉相争，以鸿沟为界对峙，汉武帝派遣骠骑将军霍去病断匈奴右臂，李广利伐大宛等典故，增加了诗歌的容量，让历史题材为现实服务，在曲折变化中深刻地表达出自己难以直言的隐旨。

在清代，除了名人林则徐写诗对嘉峪关进行称赞，左宗棠也曾亲笔题写匾额称赞此关。

1873年，当时的陕西直隶总督左宗棠在收复新疆伊犁时途经嘉峪关，面对雄伟壮观、气势磅礴的关城，左宗棠感慨之余，亲笔提笔写下"天下第一雄关"的巨匾悬挂于嘉峪关楼上为雄关又添了几分威严、几分雄壮。

随着历史的变迁，这块巨匾在后来已经再也找不到了，但它却为嘉峪关留下了"第一雄关"的别称。

不过，这嘉峪关早在左宗棠称赞这座雄关之前，便已经有了一块写有"天下雄关"四个大字的石碑。

这块石碑位于嘉峪关关城西门外百余米处，据说，它是安肃镇总兵李廷臣，在1809年视察嘉峪关防务时，见这里南有祁连雪山，北有黑山，关势雄伟，便写下"天下雄关"四字并勒石为碑。给后人留下了永恒的纪念。

另一方面，在清代，除了人们对嘉峪关的称赞，当朝政府还对嘉峪关的部分建筑进行了重修和加固。

其中，嘉峪关内城墙上的戏台是1792年，由嘉峪关游击将军袋什衣主持修建的。

这里当时是守城官兵、城内居民及过往商旅的娱乐场所。其形制为典型的我国传统古典戏台。由木制屏风把前后台分隔开，屏风正中央绘制八幅人物图，是人们熟知的"八仙"内容。

戏台顶部为我国传统图案"八卦图","八卦图"是我国古代思想文化与科学的综合反映。图的两侧是一组风情壁画，内容是寺庙的和尚及尼姑庵的尼姑和尼姑豢养的宠物。这些绘画内容在其他戏台上是非常少见的。

戏台两侧书写有一副对联：

离合悲欢演往事；

愚贤忠佞认当场。

这副对联高度概括了古往今来人间世事的沧桑变化及戏曲演出场所的功能作用。

清代重建的建筑还有嘉峪关城墙上的文昌阁，它重建于1822年。

楼阁为两层两檐歇山顶式建筑，底层两边为单间铺房，四周立红漆明柱18根，形成回廊。内为面宽三间、进深两间的官厅。四面装有花格门窗，上部绘制山水人物彩画80余幅。

据说，此阁在明清时为文人墨客会友、吟诗作画、读书的场所。

到了清代末年成为文官办公的地方。

除了这些建筑，在嘉峪关，还有一座嘉峪关游击将军府，也称游击衙门。此建筑初建于明隆庆年间，后来成为明清两代镇守嘉峪关的游击将军处理军机政务的场所。

后来的嘉峪关游击将军府是在原建筑的基础上恢复修建的，为两院三厅四合院式，占地面积为1755平方米，建筑面积808平方米。

在嘉峪关古代军事史上，游击将军府不但是嘉峪关长城防御体系的指挥中心，而且是朝廷统治地方、检查商旅使者往来、联系西域和中亚及各少数民族的枢纽机关。

游击将军府复原陈列深入细致地展现了嘉峪关游击将军的生活史迹。嘉峪关游击将军府分为两个部分：前院以议事厅为中心，着重展示古代游击将军及文武官员指挥御敌、签发关文等情景；后院是游击将军及家眷生活的场所，生动形象地表现了游击将军及其家眷的生活场面，使人有身临其境之感。

陈列形式既朴实又具有一定的观赏性、趣味性，使其成为参观、游览嘉峪关的一处亮点。

知识点滴

嘉峪关建关600多年以来，由于风雨侵蚀，到新中国成立后，曾进行过大规模的修缮。

尤其是在1986年，嘉峪关市委、市政府响应我国领导人邓小平同志"爱我中华、修我长城"的伟大号召，倡导各界人士捐款集资，恢复关城。

当时，嘉峪关按照"修旧如旧、恢复原貌"的原则，经过多方努力，嘉峪关楼终于又屹立于雄伟的关城之上。